别插手!
让孩子独立的
自我管理课

范宸驿◎编著

中国纺织出版社有限公司

内 容 提 要

每一个父母都望子成龙、望女成凤，希望孩子将来能够出类拔萃。而实际上，因为父母的过度管教和过度保护，很多孩子成为巨婴，在社会生活中无所适从。明智的父母应该知道，对孩子最好的帮助是学会放手。

本书以孩子的成长表现为基础，结合孩子的心理特点、父母的教育方式，分析孩子缺乏独立性的原因，也告诉父母如何去做才能让孩子逐渐摆脱稚嫩、走向成熟。

图书在版编目（CIP）数据

别插手！让孩子独立的自我管理课 / 范宸驿编著. --北京：中国纺织出版社有限公司，2020.2
ISBN 978-7-5180-6887-6

Ⅰ.①别… Ⅱ.①范… Ⅲ.①自我管理—儿童读物 Ⅳ.①C912.1-49

中国版本图书馆CIP数据核字（2019）第237230号

责任编辑：王 慧　　责任校对：韩雪丽　　责任印制：储志伟

中国纺织出版社有限公司出版发行
地址：北京市朝阳区百子湾东里A407号楼　邮政编码：100124
销售电话：010—67004422　传真：010—87155801
http://www.c-textilep.com
中国纺织出版社天猫旗舰店
官方微博http://weibo.com/2119887771
北京市密东印刷有限公司印刷　各地新华书店经销
2020年2月第1版第1次印刷
开本：880×1230　1/32　印张：7
字数：118千字　定价：39.80元

凡购本书，如有缺页、倒页、脱页，由本社图书营销中心调换

前言

如今的父母们，一说起关于教育孩子的问题就愁眉苦脸、唉声叹气。有人说，教育孩子是需要父母付出一生去努力做好的事情。的确如此。而且，这个世界上的很多岗位在上岗之前都会有培训，唯独当父母是没有培训的。退一步而言，即使是两个孩子的父母，在有了抚养第一个孩子的经验、再来面对第二个孩子的时候，也会惊讶地发现养育第一个孩子的经验根本不能套用到第二个孩子身上，因为和第一个孩子相比，第二个孩子是完全不同的生命个体。为此，父母面对孩子，一定要摆正态度，认识到每一个孩子都是独一无二的，需要父母全心全意去对待。

自从推行独生子女政策以来，很多家庭都坚持只生一个孩子好，如今，很多第一代独生子女也已经为人父母，他们同样坚持只生一个好。由此就产生独特的4-2-1家庭结构，也就是四个老人看着一对年轻的夫妻，而年轻的夫妻只有一个孩子。可想而知，家中的六个成人，会把所有的爱与关注都放到孩子身上，不知不觉间，孩子就会形成以自我为中心的错误思想，并养成衣来伸手、饭来张口的坏习惯。

面对唯一的孩子，父母捧在手里怕摔了，含在嘴巴里怕化

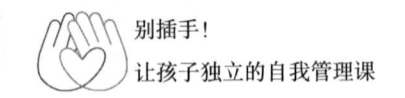

了,简直不知道如何是好。他们拼尽全力为孩子提供最好的教育、最丰富的物质和最多的金钱,从来不让孩子为任何事情发愁。他们甚至为孩子安排好了一切,只希望孩子永远不会感受到人生的艰难。殊不知,正是在这样无微不至的关爱之中,孩子渐渐地迷失了自我,甚至失去了把握和主宰人生的能力。他们非常迷惘,不知道自己是谁,也不知道自己是有能力独立生存的。他们总是依赖父母,做任何事情,一旦离开父母的帮助,就不可能获得成功。然而,岁月催人老,等到父母老去的时候,谁还能给他们支撑起人生的一片天呢?而等到父母老了,需要孩子照顾了,才发现孩子只有身高和体重渐渐增长,其他方面根本没有获得成长和改变,如此,父母也会老无所依。对于任何一个家庭而言,这样的局面无疑都是悲剧。

改变现状,让孩子成为顶天立地的人,让孩子能够支撑起人生,在人生中取得更多的收获,这是每个父母都应该思考和解决的问题。其实,要想从根本上解决问题也很简单,那就是要坚持一个原则——既给予孩子更多的机会做事情,也给予孩子更大的自由空间去成长。当父母意识到孩子需要碰壁,为此眼睁睁地看着孩子碰壁而不闻不问的时候,作为父母,他们才算上升到新的境界——也是该有的境界,那就是放手,让孩子独自品尝人生的百般滋味,也许孩子会碰得头破血流,但是他们真正获得了成长。

前言

总有一些父母觉得孩子还小，什么事情也不能做。孩子刚出生的时候，处于浑然无我的状态，不能把自己与外部世界区别开来，以为自己与外部世界是一体的。随着不断地成长，到了两岁前后，孩子就有了强烈的自我意识，为此，他们迫不及待地要把自己与世界区别开来，也很急切地想要探索和了解世界。他们不再愿意凡事都由父母代劳，而想要亲自去做，证明自己是可以做到的。他们可以自己吃饭，可以自己穿衣服，可以自己收拾玩具，也可以扔掉自己用脏了的尿不湿。等到三四岁的时候，他们还可以帮助妈妈择菜，帮助爸爸浇花、喂鱼，还可以和妈妈一起做简单的家务……如此循序渐进，孩子越来越大，能力越来越强，可以做的事情越来越多。遗憾的是，很多父母不愿意放手让孩子去做事情，如此就限制了孩子能力的发展，导致孩子也误以为自己什么都不会；或者导致孩子习惯了享受现成的，变得非常懒惰，不愿意发挥自身的能力去做。可想而知，在这种情况下，孩子的成长速度会有多么慢，在父母的一贯纵容和包办下，孩子的成长甚至会出现不同程度的后退。

作为父母，我们一定要准确界定自己的角色，明确自己是孩子成长的陪伴者，而不是孩子的保姆，更不是孩子的奴隶。父母对孩子的溺爱，是对孩子最大的伤害；父母对孩子的放手，是对孩子最负责任的态度。作为父母，我们一定要学会正确地爱孩子，给予孩子的人生积极的力量，而不要让爱成为负

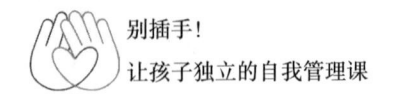

担和束缚,禁锢孩子的成长!

  你,会爱孩子吗?你的孩子,已经学会自我管理了吗?如果还没有,那就马上行动起来吧!此事刻不容缓,必须从当下开始做起!

编著者

2019年5月

目录

第1章 拄着父母的"拐杖",孩子永远学不会自己走路 | 001

孩子的名字不是弱者 | 002

每个孩子都能自立 | 004

帮助孩子走过坎坷和挫折 | 006

明智的父母不会庇护孩子 | 010

增强孩子的心理承受能力 | 011

让孩子始终心怀希望 | 013

第2章 放手吧,在很多个"第一次"中孩子会越来越能干 | 017

父母不是孩子的保姆 | 018

告诉孩子:自己的事情自己做 | 020

放手,是对孩子最好的锻炼方式 | 023

让孩子学会自理 | 025

创造机会让孩子锻炼自己 | 029

当孩子第一次承受身体的伤痛 | 030

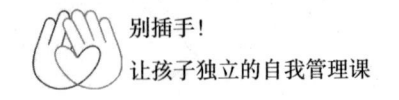

第3章 不指责，建立自信是孩子管好自己的第一步 | 033

孩子的成长离不开自信心的支撑 | 034

父母信任孩子，孩子更加自信 | 037

赏识教育中成长的孩子更自信 | 040

帮助孩子建立自信，父母要有耐心 | 042

发掘孩子的闪光点，引导孩子认知自己 | 046

孩子从来不是用作攀比的资本 | 048

第4章 给孩子独立的空间，让孩子拥有自己的意见 | 053

给孩子作选择的空间和权利 | 054

尊重孩子，让孩子更有主见 | 056

不要抹杀孩子的天赋和个性 | 060

对父母言听计从的孩子真的好吗 | 062

让孩子有机会选择喜欢做的事情 | 064

给孩子自由的成长氛围 | 066

第5章 激发孩子进取心，培养孩子自强不息的精神 | 071

帮助孩子确立梦想 | 072

引导孩子设定人生目标 | 075

激发孩子的求知欲望 | 077

培养孩子的荣誉感，激励孩子上进 | 080

让孩子真正热爱学习 | 083

让孩子自己去找灵感 | 085

第6章 克服困难的勇气，是孩子不可缺少的性格优势 | 089

鼓励孩子克服困难 | 090

引导孩子战胜害羞的心理 | 093

培养敢想敢做的孩子 | 096

真正的勇敢是做自己 | 099

锻炼孩子多做能做的事情 | 101

让孩子认知人性的丑恶 | 103

第7章 培养有担当的孩子，为自己的选择和行为负责 | 107

敢于承担责任才是有担当的表现 | 108

做好小事，也能培养孩子的责任感 | 110

承担属于自己的责任 | 113

做一个敢于承认错误的人 | 115

只为成功找方法，不为失败找借口 | 117

告诉孩子为自己负责 | 120

第8章 培养孩子的整理能力，先扫一屋然后扫天下 | 123

让孩子学会整理房间 | 124

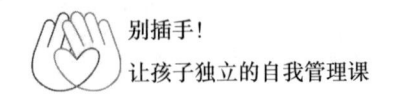

收拾难到底难在哪里 | 126

如何有效指导孩子收拾得更好 | 128

做好点点滴滴，才能走向自立 | 131

父母要给孩子的冒险做好保险 | 132

确定孩子真的理解了父母的想法 | 134

教育孩子，表扬批评都是艺术 | 136

第9章　让孩子树立时间意识，养成时间管理的思维 | 139

帮助孩子树立时间观念 | 140

效率当先，才能不再拖延和磨蹭 | 141

让孩子更加认真细致 | 143

引导孩子利用好假期 | 146

学会使用思维导图，思路更清晰 | 149

分清楚事情的轻重缓急 | 151

周末也要合理利用 | 153

第10章　培养孩子的自制力，管理好情绪才能管理好心情 | 157

管理好情绪，才能驾驭自己 | 158

理性消费，不被金钱和物质所奴役 | 160

不要被愤怒冲昏头脑 | 163

让孩子学会保持理性 | 166

面对诱惑，孩子要怎么做 | 169

适度忍让，是做人的美德 | 173

第11章 培养各种立身处世的能力，让孩子一生从容 | 177

学会应变，人生从容 | 178

增强孩子的自我保护意识 | 181

面对突发事件怎么办 | 186

有些事情要未雨绸缪 | 189

如何学会在自然灾害中逃生 | 194

第12章 脚踏实地，让孩子在生活的点滴中学会独立 | 197

给孩子自主选择的权利 | 198

帮助孩子适应集体生活 | 200

让孩子爱上做家务 | 202

引导孩子积极地参与家庭事务 | 204

让孩子学会独立思考 | 206

宽容他人，控制负面情绪 | 208

被拒绝了也不恼火 | 209

参考文献 | 212

第1章

拄着父母的"拐杖",孩子永远学不会自己走路

很多父母都觉得孩子能力有限,因而无形中就把孩子当成弱者,什么事情都为孩子代劳。渐渐地,父母成了孩子的拐杖,孩子则永远都学不会独立行走。不得不说,这样的教养方式对于孩子而言不是爱,而是害。明智的父母会及时放手,让孩子循序渐进地成长,最终能够独立行走于人生之路。

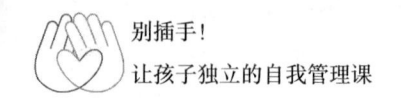

孩子的名字不是弱者

一直以来，爸爸妈妈都觉得艾薇还小，因此不管什么时候都不允许艾薇离开父母的身边，就连上学和放学，爸爸妈妈都要轮番接送。艾薇已经读小学四年级了，班级里有很多同学从三年级开始就独立上学和放学，因为家距离学校很近，走路只需要十分钟，所以艾薇也几次三番向妈妈申请独立上学和放学，但是妈妈始终不同意，坚持说从家到学校要经过两个路口，为此必须要接送艾薇。

每天早晨上学，看着同学们结伴而行，艾薇总是特别羡慕。很快，艾薇独立上学的机会就来了，姥爷因为不小心摔跤，导致骨折，所以需要妈妈去医院里照顾。而恰逢这个时候，爸爸又因为工作上的事情要出差，为此没有人接送艾薇。妈妈千叮咛万嘱咐，让艾薇过马路时一定要小心，还为艾薇买了一块儿童电话手表。就这样，艾薇全副武装地开始了独立上学和放学的生活。第一天上学的时候，艾薇还没走到学校呢，就接到妈妈打来的好几个电话。随着次数的增多，艾薇越来越熟练，还可以顺道买早饭吃呢！对于艾薇的表现，妈妈高兴不已，也很惊奇："真没想到艾薇已经可以独立上学和放学了！"艾薇不以为然地说："我早就告诉过你我可以独立上学

第1章
拄着父母的"拐杖",孩子永远学不会自己走路

和放学了,是你不相信而已。"后来,爸爸出差回来了,姥爷也康复出院了,但是艾薇还是独自上学和放学。在医院的时候,艾薇告诉姥爷:"姥爷,如果不是妈妈忙着照顾您,还不知道要接送我到什么时候呢。"姥爷笑着说:"你妈妈小时候啊,才上小学一年级就自己背着书包去上学,她是担心你,才这样不愿意放手的。你要快快长大,妈妈才会更加放心地放手。"艾薇点点头。

很多父母都不放心孩子,觉得孩子还小,为此始终不能对孩子放手。实际上,孩子的能力超出父母的预期,很多时候不是孩子不愿意长大,而是父母不愿意接受和面对孩子长大的事实。父母要想让孩子渐渐地走向独立,就要意识到孩子在不断地成长,在坚持走向成熟,而不要始终都认为孩子还小,什么事情也不能做。

实际上,每一个新生命从呱呱坠地就开始了成长的历程,父母既要精心照顾孩子,也要意识到孩子的成长,从而有的放矢地引导孩子、陪伴孩子。如果父母总是先入为主地认为孩子永远也长不大,渐渐地,孩子就会停滞不前,甚至会出现退步。父母即使再爱孩子,也不可能陪伴和照顾孩子一辈子,真正负责任的父母会引导孩子成长,也会促使孩子突破和成就自我,不断进步。只有这样,孩子才会逐渐具备独立生存的能力,才会真正成为人生的强者。

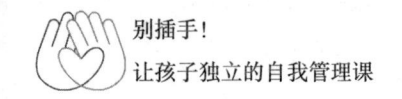

每个孩子都能自立

暑假到了,艾薇参加的"乐学小记者"推出了暑假独立自由行活动,要从孩子们之中挑选出两个男孩和两个女孩,让他们结伴进行独立旅行。当然,这四个孩子并非完全孤立的,而是会有专业的摄影团队跟随在他们身后,对于他们的独立自由行活动进行全程跟踪拍摄。此外,这个摄影团队也兼职对孩子的安全负责。

即便有如此严密周到的防护工作,当艾薇对妈妈提出要参加独立自由行活动时,妈妈还是毫不迟疑地表示了反对。然而,自从有了独立上学和放学的成功经验,艾薇不再愿意凡事都听从妈妈的安排,为此又去游说爸爸,想要让爸爸同意。在不断努力下,她终于获得了这个机会。其实是艾薇不知道的是,爸爸妈妈也跟在摄影师团队的身后,始终在密切保护他们的四人小分队。有一天,艾薇和小伙伴到达一个城市的汽车晚点了。他们下车的时候天色已经很晚了。在车站,小伙伴原本想要搭乘私人出租车去酒店,这个时候艾薇坚决制止:"我们必须乘坐正规出租车,这样安全才有保障。"因此,他们一直在车站附近的路边等待正规出租车经过,好不容易等来正规出租车,艾薇在上车之前还拍摄了车牌号发给爸爸妈妈。就在不远处观察艾薇的爸爸妈妈,接到艾薇的车牌号信息,感到很欣慰。到了预定的酒店之后,艾薇和小伙伴协作办理了入住手

第 1 章
拄着父母的"拐杖",孩子永远学不会自己走路

续。当时已经九点半,小伙伴们想去酒店附近的夜市吃饭,艾薇说:"还是在酒店里吃吧,这么晚了,我们几个孩子出去不安全。"然而,酒店的饭菜比较贵,小伙伴们很迟疑,因为他们的旅游经费是有限的。艾薇说:"我们明天早晨可以吃酒店的免费早餐,中午可以吃得简单一些,今天晚上就奢侈一下在酒店吃,安全第一。"看到摄影师传来的实时监控录像,爸爸妈妈不由得为艾薇竖起大拇指。没想到在家里娇滴滴、凡事都需要人照顾的艾薇,走出家门安全意识这么强,而且把很多事情都安排得井井有条。爸爸对妈妈说:"不要再觉得孩子长不大,其实只是咱们没有给她长大的机会而已。"很快,七天的自由行圆满结束,在最后一天早晨,爸爸妈妈放心地先行回去,准备迎接艾薇平安回家了。

很多父母都不愿意放手,觉得孩子什么事情都不能做,距离独立还远着呢。实际上,孩子可以把很多事情做好,他们已经不知不觉间长大了,只是因为父母不信任他们,也不给他们机会去锻炼自己,所以他们才没有机会展示而已。作为父母,我们千万不要成为孩子的保姆,更不要给孩子设置各种禁锢和局限。孩子的提升是在不知不觉间进行的,任何时候,父母都要尊重孩子,也要信任孩子,这样才能让孩子更加努力前行,无畏进步。

父母越是懂得适时放手,孩子的成长也就越迅速。如果父母对于孩子的成长总是捆绑得很严重,也不愿意给予孩子任何

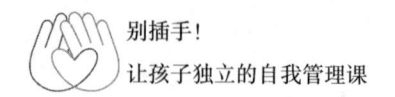

机会去锻炼自己，获得成长，渐渐地，孩子就会迷失，就会失去内心的从容和坦然。记住，生命没有重来的过程，只有不断地努力上进，人生才会有更大的突破和更伟大的成就。对于孩子来说，人生从一开始就要有广阔的天地去成长，而不要束手束脚、故步自封，更不要忐忑不安，导致行动迟疑不决。只有坚持和奋进，人生才会有更充实精彩的未来值得期待。

父母要记住，孩子并不完全依赖于父母生存，如果父母舍得对孩子放手，孩子就会爆发出不一样的力量，甚至会让父母刮目相看。总而言之，成长要靠自己，孩子必须努力学习，坚持进取，才能走出独属于自己的、与众不同的精彩人生路。

帮助孩子走过坎坷和挫折

在这次作文比赛中，艾薇虽然得到机会代表班级和学校参加比赛，却没有取得好名次，这让经常为班级和学校争得荣誉的艾薇非常沮丧，甚至为此对自己产生了怀疑。看着艾薇失落的样子，爸爸妈妈都很担心，也很着急，不知道如何安慰艾薇。

有一天，爸爸妈妈带着艾薇出去玩耍，在到达景点的时候，看到景点有个人正在乞讨。仔细看过去，那个人不但没有双脚，而且连腿都没有，只能坐在一块活动的木板上靠着双手的支撑移动身体。艾薇给那个人捐了十元钱，就不忍心再去看那个人。这个时候，爸爸对艾薇说："艾薇，你觉得那个人活得容易吗？"艾薇摇摇头，说："简直生不如死。"爸爸问艾薇："那你觉得他为什么不去死呢？"艾薇沉思了很久，回答："也许是因为怕疼吧！"爸爸摇摇头，说："好死不如赖活着，很多人不是因为怕疼才不死，而是因为觉得活着比死了更好。你不是看过海伦的《假如给我三天光明》吗？海伦从小就被疾病打击，失去了视觉和听力，但是她没有放弃对于生命的热望，始终都在努力生活，积极向上，所以才能取得那么多伟大的成就。"艾薇点点头，说："海伦的确让人钦佩。"爸爸说："其实，人生不可能始终都很顺遂如意，最重要的在于，我们一定要坚持成长，而不要随随便便放弃。如果我们总是放弃，遇到小小的挫折就沮丧和困惑，那么必然失败。想一想古今中外那些身残志坚的人，如伟大的科学家霍金、文学家史铁生，他们都和海伦一样是敢于与命运博弈的人。你这次只是在作文比赛中没有获得预期的好成绩而已，其实并不算很糟糕，对不对？一个人不可能是常胜将军，一定要调整好心态努力面对人生的一切，才能把事情做得更好，才能真正坚持到最后，获得成功。"艾薇这才知道爸爸为什么说那些话，她当即对爸爸表示："爸爸，放心吧，我一定继续努力，决不放弃！"看着艾薇的小脸蛋上泛出勇敢坚毅的神情，爸爸觉得欣慰极了。

如今，大多数孩子都是独生子女，从小在父母无微不至的照顾下成长，不管他们有什么愿望，父母都会满足，为此他们从未感受过生活的艰难和不如意。然而,生活总是会给孩子们的成长上深刻的一课,在父母的庇护下快乐成长的孩子随着对社会生活越来越深入,渐渐地就会感受到生存的艰难,也会初次尝到生活不如意引起的苦涩。那么,面对那些突如其来、或大或小的挫折和打击,孩子们应该怎么做呢?一味地逃避当然是不可取的,因为不如意是人生的常态,是无法逃避的。勇敢面对,孩子也许能力还不够,没关系,只要孩子们始终坚持向前,努力成长,在必要的时候求助于父母,就可以有的放矢地改变人生。

在孩子成长的过程中,当孩子面对挫折的时候,父母千万不要盲目帮助孩子避开挫折,也不要完全代替孩子去解决各种各样的难题。挫折是客观存在的事实,终究会伴随人的一生,为此,孩子们从小就要学会直面挫折,学会战胜挫折给自己带来的深刻打击和严重影响。这是一个唯物主义的世界,任何事情都有积极的一面,也有消极的一面,我们要做的是勇敢面对,唯有如此,才能激发自身的所有力量,坚定不移地勇往直前。正如大文豪巴尔扎克曾经说过的,挫折是成功者的进身之阶,是失败者的囚牢和灾难,会给他们带来致命的打击和无法摆脱的厄运。

作为父母,我们如何帮助孩子增强承受挫折的能力呢?首先,要帮助孩子树立正确的挫折观。很多孩子对于挫折都缺乏承受能力,经受不起一点点打击,或者一旦遭遇挫折,就会觉得自己面临灭顶之灾，从主观上就完全放弃努力。不得不说，拥有这样的心态，孩子必然会败。其次，要放手让孩子勇敢面对挫折。很多父母凡事都为孩子代劳，丝毫没有意识到孩子的能力并非像父母所想象得那么糟糕，更重要的是，要跟随孩子成长的脚步，以发展的眼光看待孩子，从而对孩子适时放手，也帮助孩子更加健康快乐地成长。再次，引导孩子在做事情之前，不仅要想到好的结果，也要预见到糟糕的结果，这样孩子们才能作好心理准备，而父母这样做，也可以有的放矢地帮助孩子减轻压力。最后，凡事与其等到发生之后再仓促应对，还不如防患于未然，在还没有发生的时候尽量避免。为此，父母应主动培养孩子的抗挫能力，帮助孩子分析挫折产生的根本原因，这样孩子才能有效地避免挫折，在此过程中，孩子也会做好对于挫折的预案，知道挫折一旦产生应该采取怎样的措施去积极地应对，这才是最重要的。

总而言之，孩子并非从出生开始就懂得如何承受和对抗挫折，重要的是，父母在抚育孩子的过程中，多多引导孩子，全方位关注和陪伴孩子，尤其是要与孩子一起面对挫折、对抗磨难，这样才能让孩子更加健康茁壮地成长。就像高尔基笔下的海燕那样，迎着风雨不断地飞翔！

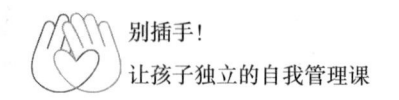

明智的父母不会庇护孩子

莫非在学校里犯了一个严重的错误——因为拿着美术刀和同学打闹，不小心划破了同学的衣服，还划伤了同学的胳膊。为此，同学缝合了好几针，还流了很多血。等到妈妈从单位赶到学校的时候，老师已经把事情处理得差不多了，接下来就是妈妈和莫非要一起向同学和同学父母道歉。

到了学校之后，妈妈没有打骂莫非，而是对莫非说："莫非，你要反思你的错误，现在立刻写一篇检讨书。如果你检讨得深刻，我不会惩罚你，但是如果你检讨得不够深刻，我就要严厉惩罚你。"莫非看到妈妈超乎寻常的冷静和理智，感到非常害怕，不知道妈妈心里到底在想什么。妈妈对莫非说："你同学的父母很快就会赶到，我希望你能赶紧写出一篇深刻的检讨，平息他们的怒气，否则，他们怒气冲冲，不管怎么惩罚你，我都不会制止。"听到妈妈说不会庇护自己，莫非感到害怕，赶紧擦干眼泪开始写检讨书。莫非的检讨书快要写完的时候，同学的父母到了。妈妈对对方说："实在抱歉，因为我没有把孩子管教好，导致他拿着美术刀划伤了您的孩子。"接下来，妈妈让莫非真诚地和同学父母道歉，还把写完的检讨书也交给了对方。同学父母看到莫非的检讨书认识很深刻，对妈妈说："孩子在一起打打闹闹难免，但是美术刀是不能玩耍的，毕竟特别锋利。幸亏只是划伤了胳膊，要是划伤了脸，可就麻烦了。"莫非当即保证:"叔叔阿姨,我保证以后再也不玩美术刀了!"因为妈妈不庇护莫非,这件事情得以圆满解决。

很多父母都喜欢庇护孩子,哪怕孩子犯了错,他们也不会让孩子承担责任,尤其是当孩子犯了严重的错误时,他们更是会出面为孩子解决问题。殊不知,总是这样庇护孩子,渐渐地,会导致孩子越来越肆意妄为,因为他们只管犯错,根本不需要解决问题。父母与其为孩子的肆意而犯愁,不如让孩子实实在在地承担犯错误的责任,这样才能给孩子以深刻的教训,避免孩子有恃无恐。

当然,孩子除了会犯错之外,还会在成长过程中遇到很多艰难的处境,对此,孩子非但不能逃避责任,而且要在面对各种困难的时候迎难而上。每个人都是自己人生的主宰,孩子尽管因着父母来到这个世界上,在刚刚出生的时候还要依靠父母而生活,但是实际上孩子不是父母的附属品,也不是父母的私有物,父母要给予孩子更为辽阔的成长空间,才能不断激励孩子努力进取、坚持进步,才能让孩子在经受各种挫折和磨砺时始终勇敢无畏、努力向前。

增强孩子的心理承受能力

在这次运动会上,被赞誉为班级飞毛腿的若男没有获得短

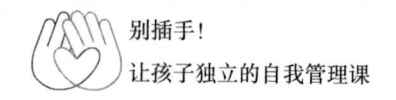

跑冠军，也就没能为班级争到荣誉。为此，她感到非常沮丧，还把自己最心爱的运动鞋洗刷干净收拾起来，说以后再也不会跑步了。看到若男这样，老师知道她受到了打击，就对她说："若男，一次失败不代表永远失败，一次成功也不代表永远成功。老师觉得你在跑步方面还是很有潜力的，只要努力练习，速度一定会越来越快。"然而，若男摇摇头："这才是学校里的比赛，我都没能取得名次，简直太逊了。"

回到家，爸爸看着若男垂头丧气的样子，知道一定是运动会的成绩不如意。爸爸没有直接询问若男怎么了，而是告诉她："只有不断地努力进取，才能获得真正的成功。一旦遇到小小的失败就被打击得颓废沮丧，则在学习上的表现只会越来越差。"爸爸的话很有力度，似乎触动了若男的心。爸爸又讲了古今中外很多名人的励志故事给若男听，告诉若男成功都不是一蹴而就的，而是在经历很多坎坷与挫折之后才能获得的。若男有所感悟。

如今，之所以有很多孩子都无法承受失败的打击，是因为他们从小到大一帆风顺，在父母的呵护下成长，做任何事情都有父母的帮助，因而他们根本无法面对失败，也不能在失败的打击下继续保持向上的动力。殊不知，成功从来不是一蹴而就的，正如一首歌里所唱的那样，"不经历风雨怎能见彩虹，没有人能随随便便成功"。作为父母，我们一定要告诉孩子失败是成功之母，只有在失败的孕育下才能真正获得成功。

很多父母在面对人生时本身就很沮丧，缺乏信心，常常会

在人生遭遇坎坷和挫折的时候轻易放弃，这样一来，无形中就给了孩子消极的影响，导致孩子变得很被动、很绝望。明智的父母会为孩子树立积极的榜样，告诉孩子，无论多么艰难，只要坚持做下去，就一定会守得云开见月明。此外，在孩子遭遇坎坷逆境的时候，父母还要积极地鼓励孩子，唯有如此，孩子才会全力以赴、排除万难，奔向梦寐以求的成功。父母还可以和孩子讲述在生活中所遇到的各种困难，也告诉孩子自己是怎样付出才得以熬过艰难困境的。人们都说父母是孩子的第一任老师，也是孩子最好的老师，父母积极正向的言传身教会让孩子在耳濡目染中受到影响，从而获得更加快速的成长。此外，在抚育孩子成长的过程中，父母还要注意一点，那就是不要始终想方设法帮助孩子逃避困境，而要给孩子创造机会承受失败。只有当孩子意识到失败比成功更容易出现在生命中，也是生命的常态，意识到失败恰恰意味着新的机会和转机，孩子才能坦然面对失败，才能有的放矢地激发生命的力量，获得长足的进步和发展。

让孩子始终心怀希望

自古以来，寒门出贵子，然而，只有真正出身于寒门的贵子才知道要想出人头地有多么艰难。在绝大多数同龄人都已

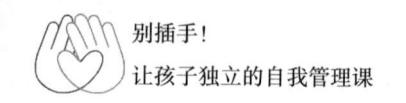

经开始读书的时候，狗娃却还在家里和稀泥玩。不是他不想上学，只要看看他每当听到不远处的学校里传来的朗朗读书声时脸上露出的无限向往和憧憬，就知道他多想读书。然而，家里没有钱供狗娃读书，就连买书本的钱都没有。

后来，妈妈好不容易从邻居家升二年级的孩子那里讨要来废弃不用的书本，又用家里唯一的破布头给狗娃缝了一个简易的书包，狗娃才算入了学。狗娃虽然家里穷，但是学习上丝毫不打折扣。他只能拣同学们不要的铅笔头，到处拣废纸钉成本子使用，但是他的学习成绩始终在班级里名列前茅。好不容易小学毕业，爸爸想让狗娃辍学帮助家里种地，妈妈却坚决反对："孩子不上学将来有什么出息，过和咱们一样的日子吗？"看着狗娃拿回家的重点中学录取通知书，爸爸妈妈大吵一架。重点中学尽管是公费的，但是要去县城读书，还要住校，添置住校的行头对于家里而言又是一笔很大的开支。为此，妈妈把养着下蛋的十几只母鸡全都卖掉，为狗娃买齐了住校的东西，还卖掉了家里留着过年的猪，为狗娃交了住宿费。就这样，狗娃带着简陋的行李去了县城里的重点初中，开始了每天咸菜馒头的苦日子。但是狗娃不觉得苦，因为他知道爸爸妈妈有可能连馒头也吃不上。后来，狗娃利用寒暑假在县城里打工，上完了高中。拿到名牌大学录取通知书的那一刻，家里既有喜极而泣的哭声，也有压抑的发愁的哭声。狗娃对爸爸妈妈说："爹，娘，你们去县城借点儿贷款吧，只要凑够这个学期的学费就行,我一到大学就打工,能养活我自己!"狗娃当然知道凑够这个学期的学费对于这个穷困潦倒的家庭而言也是天大的难事。爸爸几乎借遍了所有的亲戚朋友和乡里乡亲,终于送走了狗娃,对狗娃说:"狗娃,爹娘的能力就这么大了,以后的日子要靠你自己了。"

进入大学的第一天,狗娃放下行李就四处寻找打工的机会。在保证学习之余,他每天兼职三四份工作,从来不叫苦叫累。攒够了下一个学期的学费之后,狗娃就把剩余的钱寄给父母,让父母先还掉一部分助学贷款。从初中到大学毕业,狗娃始终过着馒头咸菜的生活,但是这并不影响他考入世界知名大学继续深造。狗娃拿到了高额奖学金,学费和生活费的问题都解决了,他全心全意投入学习和研究之中,最终成了世界知名的学者。

生活有多么艰难,我们就该有多么坚强。现实生活中,很多父母拼尽所有为孩子提供最好的物质条件,生怕给孩子的不够好,却忘记了世界上有很多孩子都和狗娃一样,要突破重重困境才能始终坚持学习。为此,作为父母,我们千万不要忽略了孩子的潜能,而要激发孩子的斗志,让孩子的内心始终充满希望之光。唯有如此,孩子才能排除万难,努力把很多事情都做到更好。

希望是人心中的一盏明灯,一个人只有心中怀有希望,才能始终朝着梦想的方向去努力。反之,则一定会越来越消极悲观,也会在面对人生中各种各样的坎坷和挫折时轻而易举地放弃。父母要想让孩子变得更加坚强自信,就一定要激励孩子,

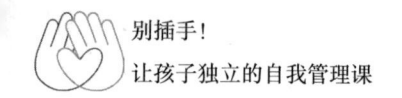

让孩子始终心怀希望。哪怕孩子遭遇了失败,哪怕孩子的表现并不能和父母所预期的一样,父母也要鼓励孩子不断努力,而不要口无遮拦地否定孩子,更不要肆无忌惮地打击孩子。父母要知道,人非圣贤,孰能无过,对于孩子而言,在生活中犯错很正常,是无可厚非的,就算是成人也常常需要踩着错误的阶梯才能不断进步,也要在失败中汲取经验和教训。为此,父母要给予孩子犯错误的机会,允许孩子失败,只要孩子的内心充满力量,孩子就会表现得越来越好,最终会获得快速的成长和巨大的进步。

这个世界是唯物主义的世界,很多事情并非以人的意志力为转移。当无法改变客观存在的一切,也无法阻止突如其来的灾难发生时,我们与其悲观地面对,不如积极地应对。正如人们常说的,心若改变,世界也随之改变。心底的希望与光明,是每个人扛起人生的火炬努力向前首先要做到的事情。遗憾的是,现实生活中偏偏有很多人特别悲观,一遭遇小小的打击,他们就会马上放弃,而不愿意继续给予自己更多的力量,激励和鼓舞自己有更快速的成长。不得不说,最终把人打倒的不是失败,而是人内心的绝望。就像海明威笔下的《老人与海》中的桑迪亚哥老人说的那样,一个人可以被打倒,但是不能被打败。唯有怀着永不屈服的精神,唯有坚定不移勇往直前,才能真正突破看似已经降临的困境,让自己的人生进入"柳暗花明又一村"的美好境遇中。

第2章

放手吧，在很多个"第一次"中孩子会越来越能干

很多父母对于自己和孩子之间的关系定位错误，原本父母应该是孩子的照顾者、陪伴者，也是孩子的人生引路者、导师，但是他们往往在不知不觉间把自己定位为孩子的保姆，在日常生活中总是事无巨细地代替孩子做很多事情，有的时候还不顾孩子的反对。实际上，对于孩子而言，只有得到更多的机会锻炼，才能不断地成长，只有经历更多的第一次，才会越来越能干。

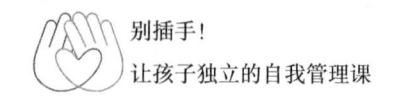

父母不是孩子的保姆

父母如果不能及时放手,给予孩子各种机会去锻炼和增强自身的能力,孩子的表现只会越来越差,孩子的成长也会面临很多的阻碍和困境。可以说,孩子要想健康成长,要想进步更快更大,就必须得到父母的配合。只会当孩子保姆的父母,教养不出独立自主的孩子。很多时候,不是孩子没有长大,而是父母始终停留在孩子小时候,把孩子想成襁褓中的婴儿。殊不知,在父母的劳累和辛苦中,在父母无微不至的照顾中,孩子已经不知不觉长大了,不再是那个只会哭闹的小小婴儿,不再是只会拉着妈妈的手不敢离开的小幼儿,而是一个不断成长和强大的生命体。父母教养孩子,必须跟随孩子的脚步与时俱进,这样才能及时给予孩子更多的机会锻炼自己、提升自己。若父母因为爱孩子而一味地限制和禁锢孩子,渐渐地,就会局限孩子的成长,使得孩子止步不前。

在自然界里,老鹰妈妈为了锻炼小鹰的飞翔能力,会狠心地把小鹰从高高的悬崖上踢出去,如此循环往复,直到小鹰为了求生而掌握飞翔的本领和技能。这看似狠心的举动,其实是老鹰妈妈对小鹰深深的爱。在自然界里,对于孩子狠心的妈妈有很多;而在人类的世界里,却有很多妈妈对于孩子无限溺爱，导致孩子低能、无能。不得不说，父母的溺爱是对孩子最大的伤害。真正明智的父母不会一味地溺爱孩子，而会给予孩子更多的成长和照顾，也会给予孩子更多的引导和帮助，还会及时放开孩子，让孩子健康快乐地成长。不仅在自然界中存在弱肉强食的规律，在人类世界里，也同样如此。如今的时代，竞争越来越激烈，生存的压力越来越大，每个人都必须注重培养自身的能力，增强自身的实力，才能更好地在社会上生存。

很多父母望子成龙、望女成凤，倾尽所有给孩子最好的，却忽略了孩子在成长过程中真正需要的养分。前些年，有大学生因为不会剥鸡蛋而对着鸡蛋瞪眼睛的，也有大学生因为不知道如何铺床而只能在宿舍里坐一个晚上的。仔细想来，不管是剥鸡蛋还是铺床，都是特别简单的，那么，为何已经上了大学的孩子们对此束手无策呢？就是因为他们在日常生活中从未接受过相关的锻炼。父母当保姆，最终的结果就是孩子什么都不会做。很多父母觉得孩子学习很辛苦，生活中总是竭尽所能为孩子做好一切，只为了让孩子有更多的时间学习和休息。殊不知，对于一个真正的人而言，具有自理能力是基础，比学习更加重要。哪怕孩子在学习方面有非常出类拔萃的表现，如果没有自理能力，他们也无法过上好的生活。因此，父母教育孩子时千万不能本末倒置，要先培养孩子的自理能力，再帮助孩子不断地学习和成长。

不可否认，大多数家庭都只有一个孩子，孩子就是父母的

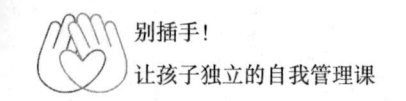

希望，就是家庭的未来，为此，父母无形中就把孩子看得太过重要。重视孩子原本无可厚非，但是如果因为过度重视孩子就剥夺了孩子独立生存的锻炼机会，对孩子是非常残忍的。归根结底，父母即使再爱孩子，也有老去的一天，也会在照顾孩子的过程中渐渐地老迈，而当父母老得需要孩子照顾的时候，却发现孩子习惯了父母无微不至的照顾，别说照顾父母了，哪怕是照顾好自己也做不到。不得不说，这是一个很大的悲哀。为了孩子的人生，明智的父母一定要狠下心当"懒惰"的父母，这样才能逼着孩子"自己动手，丰衣足食"，才能让孩子在成长过程中有更出色的表现和更丰富的收获。要想真正做到这一点，父母就要走出爱孩子的误区，不要觉得代替孩子做一切事情就是爱孩子，也不要把溺爱孩子当成是对孩子的慷慨付出，而要真正放手让孩子做很多事情，让孩子真正自立自强，这样孩子才能茁壮成长，才能在将来取得好的发展，立足于社会。

告诉孩子：自己的事情自己做

四岁的时候，小洛克菲勒看到父亲从外面回来，兴致勃勃地张开双臂，扑向父亲。没想到，就在他马上要扑到父亲怀里的时候，父亲却突然躲闪到一边，这样一来，毫无防备的小洛克菲勒一下子摔倒在地上，伤心地哭起来。这个时候，父亲语

第2章
放手吧，在很多个"第一次"中孩子会越来越能干

重心长地告诉小洛克菲勒："儿子，别哭了，今天是对你的一个教训。从此之后，你都要记住，凡事只能靠自己，不能靠别人。就算是爸爸，你也无法依靠，所以你必须自立自强，才能拥有自己的人生。"

从此之后，小洛克菲勒始终牢牢记住父亲的话，再也没有把希望寄托在别人身上。虽然在开创事业的过程中他吃了很多苦头，也常常感到绝望，但是他都靠着自己的不懈努力渡过了难关，从而真正开创出伟大的事业。

当父母告诉孩子自己的事情自己做的时候，孩子才会意识到自己无法再凡事都依赖父母，而必须自己努力进取，做到更好。如果父母什么也不告诉孩子，而是一如既往地被孩子依赖，无怨无悔地为孩子提供最好的条件和更多的帮助，渐渐地，孩子就会对父母产生强烈的依赖心理，不管做什么事情，都不愿意亲力亲为，只想吃现成的，只想得到父母的帮助。如此下去，孩子的能力非但得不到发展，还会因此而落后。为此，明智的父母一定要及时放手，随着孩子自身的能力不断得到发展和增强，父母要渐渐地告诉孩子凡事依靠自己做到最好，让孩子形成独立自主的好习惯。否则，父母无法保证孩子拥有充实精彩的人生，孩子更无法真正主宰和驾驭自身的命运。

在孩子小时候，父母最喜欢做的事情就是大手牵小手，牵着孩子的手走遍和看遍这个世界。然而，随着不断地成长，孩子总要长大，父母总要老去，父母要未雨绸缪，培养孩子的

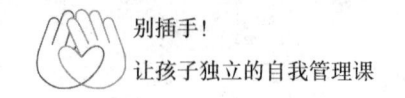

自立能力，这样，有朝一日孩子长大成人，才能积极地面对人生，主宰命运。中国的大多数父母舍不得孩子吃苦，恨不得为孩子做好一切事情。而美国恰恰相反，父母们在孩子很小的时候就开始锻炼孩子的自理能力，他们不会给孩子喂饭，而是给孩子一个婴儿餐桌，孩子自顾自地把饭菜弄得乱七八糟，最终只能吃很少的一部分到肚子里。在这种情况下，孩子如果感到很饿，就只能努力学习吃饭。虽然前期的锻炼过程是很痛苦的，但是到了两岁前后，孩子吃饭的能力就得以快速增强，他们甚至可以和父母一起坐在餐桌旁用餐，这都是父母"狠心"锻炼的结果。在中国，大部分孩子从一出生就和父母一起睡觉，有些孩子到了十几岁还没有和父母分床；而在西方的很多国家里，孩子一出生就独立睡在一张小床上，甚至是独自睡在一个房间里。可想而知，这样长大的孩子自然会很独立。仅从孩子学走路的时候跌倒这件事情来看，有的父母一看到孩子跌倒，马上不假思索地把孩子扶起来，结果下次再跌倒的时候，孩子不会自己站起来，而是会趴在地上哭泣，等着父母来扶起他们。而有的父母看到孩子跌倒，在确保孩子安全的情况下，他们会假装没看见，从而让孩子自己坚强地爬起来，拍拍身上的尘土继续向前走。总而言之，不要觉得孩子还小，不能准确区分父母对待他们的态度，实际上，随着不断地成长，孩子的感知能力越来越强，他们会感知到父母对他们的态度，也会由此而决定自己怎么去做。

第 2 章
放手吧，在很多个"第一次"中孩子会越来越能干

明智的父母不会让孩子养成依赖性，而是会给予孩子更多的成长空间，给予孩子更多的锻炼机会。哪怕孩子一开始无法做得很好，甚至因此惹上麻烦，父母也不会随随便便代劳，而是鼓励孩子继续努力尝试，帮助孩子真正地走向独立。

放手，是对孩子最好的锻炼方式

甜甜才一岁，妈妈已经放手让她自己吃饭。其他妈妈听到这么"残忍"的做法，都表示反对，纷纷表示：孩子才那么小怎么能自己吃饭呢？孩子不会使用筷子，连勺子都不会用啊！怎么能这样对待孩子呢，爸爸妈妈不就该给孩子喂饭吗？实际上，甜甜会用勺子，而且在一岁半之后，她渐渐地学会了灵活使用筷子。每当看着甜甜用筷子夹起花生米，妈妈就觉得很骄傲：很多成人用筷子夹起豆类还觉得困难，甜甜的手部肌肉已经如此灵活了，而这一切都归功于妈妈从来不娇惯甜甜，而是给予甜甜更多的机会去锻炼和尝试。

等到甜甜两岁的时候，她已经会做很多事情，例如，给自己冲奶粉、给自己穿内衣、给自己洗脸、穿鞋子等。看着如同小大人一样的甜甜，妈妈骄傲极了。而其他和甜甜同龄的孩子呢，还像襁褓中的婴儿一样凡事都需要父母照顾，根本没有任何自理能力。当然，每当甜甜因为做事情不熟练或者不会做而

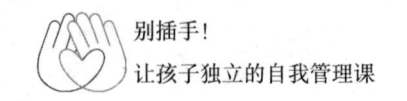

犯错的时候，妈妈从来不批评甜甜，她总是微笑着鼓励甜甜："没关系，再来一次，好不好？"当然，对于做错事情导致的后果，妈妈也不会帮助甜甜收拾残局，而是引导甜甜自己去把很多东西都收拾好。就这样，甜甜各方面的能力迅速发展。进入幼儿园的时候，很多同学都不会独立吃饭、穿衣服、如厕，唯独甜甜什么都会做，从来不给老师添麻烦。

在这个事例中，面对这个小小的、自理能力这么强的甜甜，相信很多人都会觉得喜欢。其实，甜甜不是生来就会做很多事情，而是因为妈妈从小就对她放手，才让甜甜得到了锻炼，所以能力越来越强，很多事情都越做越好。很多妈妈都要和甜甜妈妈学习，不要总是责怪孩子这个也做不好，那个也做不好，也不要总是抱怨孩子在成长过程中没有进步，而应首先反思自己是否给予了孩子足够多的机会，让孩子得以锻炼。只有在不断锻炼的过程中，孩子的能力和水平才会水涨船高；也只有在坚持做力所能及的事情时，孩子才会不断地证明自己，创造自身存在的价值。这会让他们感觉非常好，觉得自己充满了力量，人生充满了希望。

每个父母都承担着培养孩子的重任，这可不像单纯养育孩子那么简单，而是要在照顾好孩子吃喝拉撒的基础上学会放手，让孩子在更为辽阔的空间里自由地成长。当然，父母还需要注意的是，让孩子做力所能及的事情时，一定要保证安全。毕竟孩子的能力有限，也因为人生经验的匮乏而无法当机立

断对很多突发事件作出及时反应。在这种情况下，父母就要提前做好应急预案，帮助孩子消除安全隐患。每个人都是独立的个体，终究要独立地走向社会，为此孩子要从小就能够自理自立，始终坚持不懈，激发自己的潜能，在人生的道路上无所畏惧，勇往直前。当然，孩子的成长有其内在的规律，父母即使再着急，也不要总是催促孩子，更不要揠苗助长，只有父母信任孩子，尊重孩子成长的节奏，孩子才会成长得更好，才会进步得更快。

让孩子学会自理

才进入幼儿园小班三天，甜甜就得到了老师的表扬，因为比起班级里那些不是吃饭需要喂，就是经常尿裤子的小朋友来说，甜甜的自理能力很强。

一天下午，妈妈第一个来到班级外面等着接甜甜，这个时候，甜甜还在教室里的玩具角和小朋友们一起玩呢！老师看到门口的家长们很多，为此告诉小朋友们："放学喽，爸爸妈妈来接你们喽！"这个时候，其他小朋友全都丢掉手里的玩具，从玩具角跑开，涌向教室门口，唯独甜甜还留在玩具角收拾玩具。等到大部分小朋友都走了，甜甜才着急地奔向门口，看到妈妈在门口等着接她，她的眼眶红了：才上学三天，看到

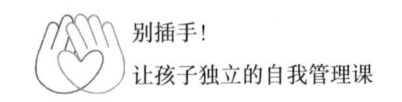

妈妈还是很激动！这个时候，老师对妈妈说："甜甜自理能力很强，基本不需要怎么照顾，她自己就可以把自己照顾得很好。"听到老师的夸赞，妈妈骄傲地说："这个孩子从小就省心，不哭不闹，吃饱了就睡觉，或者玩，很省事。"老师说："还是妈妈带得好，才养成了好习惯，才能表现得这么好。"妈妈不好意思地笑了。

老师说得很有道理，孩子不是天生就很懂事的，也不会天生就具备自理能力。他们之所以在成长过程中越来越自立，就是因为得到了父母的有效引导，所以才能养成很多好习惯，在人生历程中也有非常好的表现。作为父母，我们的职责不仅是照顾孩子的吃喝拉撒那么简单，还要给予孩子的精神和心灵更多的养料，让孩子健康快乐地成长。如果父母从来不引导孩子，也不给孩子帮助，孩子的成长就会事倍功半。

每个人要想在社会上生存，都要具备基本的自理能力。如果面对生活总是浑浑噩噩，不知道应该如何去做，也在面对很多难题的时候知难而退，则只会导致退步，根本不可能有任何成长。尤其是对于孩子而言，他们正处于成长的关键时期，成长不但需要摄入充足的营养，还要有更强大的精神和意志力，有独立生活的能力。为此，父母在教养孩子的过程中，除了照顾好孩子的吃喝拉撒之外，还要重点培养孩子的自理能力。当孩子学会自理后，他们就可以更加快乐地行走人生之路，也可以把自己照顾得很好，让人生更加圆满。

第 2 章
放手吧，在很多个"第一次"中孩子会越来越能干

具体而言，自理能力包括哪些方面呢？诸如洗衣服、铺床叠被子、整理衣服、烹饪简单的饭菜等，都属于自理能力的范畴。尽管这些都是生活中的琐事，也不影响孩子的学习，但是父母不要忽略这些小事，因为，孩子唯有真正做好这些小事，才是独立的人，才能在人生之中获得长足的发展和进步。当然，这些事情都很容易学，只要父母用心去教，并给予孩子机会参与实际锻炼，孩子就会做得更好。更重要的是，不要剥夺孩子培养自理能力的机会，例如，有的孩子提出想学习炒菜，大多数父母都会当即表示否定："炒菜干吗？你长大了又不当厨子，咱们家里也不需要你做饭！"再如，有的孩子想学习拖地，大多数父母会说："不要浪费时间，你的任务就是学习，快去看书写作业吧！"殊不知，孩子不是学习的机器，学习并非他们活着的唯一目标。很多时候，孩子学习累了或者感到内心疲惫，其实可以通过做家务的方式来调节心情，也可以借此整理自己的心绪。为此，不管孩子做得好不好，也不管孩子是否真的能做，当孩子提出想要去做某件事情的时候，父母就要给孩子机会去尝试，还要慷慨地认可和夸赞孩子。

一个人就算才高八斗，如果生活方面完全不能自理，他的生活也会非常被动。很多父母误以为孩子还小，没有能力做很多事情，或者总是帮倒忙，为此就限制孩子去做。殊不知，对于孩子而言，自理能力不是与生俱来的，必须努力去做，坚持锻炼，才能不断增强。

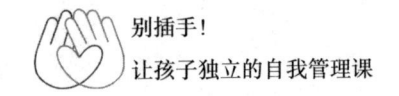

每个孩子都是这个世界上独一无二的生命个体，这不但是因为他们的天赋不同，也因为他们后天成长的家庭氛围和接受的家庭教育不同。父母是孩子的第一任老师，也是孩子最好的老师，父母的言传身教将会给孩子留下深刻的印象，影响孩子的成长和发展。为此，明智的父母不会处处限制和禁锢孩子，而是会给予孩子更多的机会和更为广阔的天地，海阔凭鱼跃，天高任鸟飞，让孩子在成长历程中不断地崛起，持续地进步，突破和超越自我。

当孩子做的事情导致更多的麻烦事需要父母清理的时候，父母不要抱怨孩子做得不好，否则就会打击孩子的积极性；父母可以先表扬孩子，认可孩子的积极与热情，等到孩子不注意的时候再收拾残局。相信在父母的认可和夸赞之中，孩子一定会激发自身能力，做得越来越好，而不会一味地犯错，更不会丝毫没有进步。看到这里，明智的父母们知道该怎么做了吗？从现在开始，请给孩子机会做力所能及的事情，帮助孩子培养自理能力，让孩子的人生进入更为开阔的领域。父母无须过分担心孩子，其实孩子的能力超出父母的想象，大多数父母之所以不敢对孩子放手，只是因为过度担心，害怕孩子受到伤害。只要提前做好预防措施，孩子一定会有非常杰出的表现。

创造机会让孩子锻炼自己

这个周末，妈妈和甜甜一起去买菜。虽然甜甜很想留在家里看动画片、玩玩具，但是听到妈妈说如果不买菜爸爸回家就没有菜吃，甜甜还是勉为其难地放下玩具，和妈妈一起去了超市。

来到超市里，妈妈找到一个带轱辘的购物筐给甜甜推着。看到自己能帮妈妈做事情，甜甜觉得很高兴，虽然妈妈放入筐子里的东西越来越多、越来越重，但是甜甜丝毫没有抱怨，而是继续卖力地推着筐子。后来，她们来到超市的生鲜购物区，妈妈看到砂糖橘非常新鲜，因而决定购买砂糖橘。在找到袋子装入一些砂糖橘之后，妈妈对甜甜说："甜甜，去帮妈妈称重，好不好？"甜甜有些迟疑，她还从来没有独自去称重呢！看着甜甜犹豫的样子，妈妈对甜甜说："去吧，妈妈在这里等着你，好吗？"甜甜受到鼓励，最终一步三回头地朝称重台走去。看到妈妈一直站在那里笑眯眯地看着她，她才找到了一些安全感。甜甜奶声奶气地对阿姨说："阿姨，给！"阿姨看到甜甜这么可爱，故意逗甜甜："小美女，你想做什么呀？"甜甜不知道如何回答，回头看着妈妈，妈妈没有向前，而是对甜甜说："宝贝，你告诉阿姨要称重。"甜甜模仿妈妈说："称重！"阿姨把砂糖橘称好重量，贴上标签，还给甜甜。甜甜高兴不已，当即拿着砂糖橘回到妈妈身边。接下来，妈妈又买了一些蔬菜瓜果，都让甜甜拿去称重，甜甜越来越熟练，再也不畏缩了。

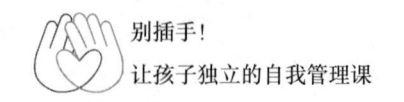

只是去一次超市，妈妈也抓住机会锻炼甜甜的独立能力，让甜甜学会称重，不得不说，这趟超市之行让甜甜有了很大的进步。当然，这也得益于妈妈随时随地都想锻炼甜甜，所以才能为甜甜创造机会，让甜甜得到锻炼。孩子的能力总是有限的，但可以通过锻炼不断提升。很多父母误以为孩子的能力有限，总是不给孩子机会做很多事情，更别说是创造机会激励孩子成长了。殊不知，这样把孩子包裹起来，不给孩子机会锻炼，对于孩子的成长是极其不负责任的。明智的父母会尽量锻炼孩子，让孩子学会自理，学会与身边的人打交道，学会参与生活中各种各样的事情。渐渐地，孩子的能力就会越来越强，他们的人生也必然获得更加快速的成长和发展。

在把很多事情交给孩子去做之前，父母要做好心理准备，孩子很有可能无法把事情做到让父母满意，还有可能会犯错。对于孩子这样的表现，父母无须懊恼，也不要因此而批评和指责孩子，而应发自内心地赞赏孩子。唯有如此，孩子才会得到鼓励，从而更加积极主动地把很多事情做好，才能在尝试和努力的过程中不断成长，让自己获得长足的进步和发展。

当孩子第一次承受身体的伤痛

三年级才开学没多久，乐乐突然叫嚷着要去滑轮滑。在北

第 2 章
放手吧，在很多个"第一次"中孩子会越来越能干

京的时候，乐乐学习过几次轮滑，但是自从来到南京，他的轮滑鞋已经搁置一年了，始终没有拿出来滑过。看到乐乐那么眼馋轮滑，妈妈也没有说什么，任由乐乐翻箱倒柜找出轮滑鞋，就带着乐乐去广场上玩。广场上也有个老师在教授轮滑，还摆放了一些轮滑的桩。看到那些学习轮滑的小朋友环绕着轮滑的桩滑动，乐乐也去凑热闹。没想到，他的轮滑鞋突然被一个倒了的桩卡住，导致无法滑动。而他的身体凭着惯性还在往前，这使得他的腿被狠狠地拧住了，当时他就站不起来，也无法行走了。

妈妈看到乐乐受伤很严重，马上给爸爸打电话，让爸爸来接乐乐去医院。医生检查了乐乐的伤势，拍了片子。照完片子，确诊乐乐的右腿胫腓骨骨折，而且伴有上下骨端的骨裂。妈妈没想到会这么严重，崩溃地大哭起来，懊恼地说："我要是带他去看电影就好了，就不会有这种事情发生了！"原来，妈妈原本是要带乐乐去看电影的，因为觉得电影票贵，又没有秒杀到超便宜的票，这才来滑轮滑。看到妈妈自责的样子，乐乐安抚妈妈："妈妈，没关系的，有人说男孩子要是从未骨折过，就不是真正的男子汉。"听了乐乐的安慰，妈妈更加心疼。当天夜里，乐乐腿疼得睡不着觉，还不时地哭泣。过了一个星期，疼痛才有所缓解。

这次受伤，乐乐耽误了很多功课，幸好妈妈在家里都给他补上了。受伤之后，乐乐承受了很多，对于痛苦的忍耐程度提

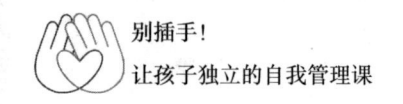

高了，也变得更懂事了。他就像一个真正的男子汉那样安慰妈妈，希望妈妈不要总是自责。

父母即使再用心，也不可能完全保证一个活蹦乱跳的孩子不受到伤害。很多孩子都会因为各种原因受伤。当第一次感受到生命的疼痛之后，他们似乎会在一夜之间长大，也会变得越来越坚强。

当然，在孩子受伤的时候，父母一定会感到非常心疼，甚至恨不得代替孩子去受伤，也会懊悔为何没有全方位照顾好孩子，保护好孩子的安全。其实，这样的心情是可以理解的，但是要从更加理性的态度来看待这件事情。每个人的成长都要经历各种各样的伤痛，需要孩子亲自去经历的一切，父母无法替代，甚至无法避免。既然事情已经发生，陪伴孩子承受痛苦，并陪伴孩子更好地反思如何躲避危险，是更重要的事情。在成长的过程中，每个孩子除了第一次受伤之外，还会有很多第一次等着他们去做，去经历。对此，父母一定要怀着淡然的心态，全力以赴地帮助孩子，给予孩子最大限度的陪伴和引导，这样才能保证孩子快乐成长，并在生命的历程中收获更多，成长更快。

第3章

不指责，建立自信是孩子管好自己的第一步

很多父母都抱怨孩子不能管理好自己，并因此指责、批评和否定孩子。实际上，对于孩子而言，要想增强自我管理能力，就一定要建立自信。假如一个孩子常常自卑，对于自己各个方面的能力和表现也总是持怀疑的态度，渐渐地，他就会对自己放任自流，根本谈不上自我控制，更谈不上自信。为此，明智的父母从来不会本末倒置，而是会先帮助孩子建立自信，接下来才会引导孩子管好自己，成为自己理想的模样。

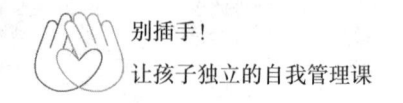

孩子的成长离不开自信心的支撑

众所周知，在各种各样的营养物质之中，维生素对于人的身体而言是不可或缺的。如果缺乏维生素，导致免疫力低下，身体素质越来越差，就会引发各种各样的疾病，甚至危及生命。由此可见，维生素是每个人维持身体健康、保障足够营养素摄入的基础营养素，是人人都不可或缺的。那么，自信心呢？很多人大概都知道维生素的重要性，但不能意识到自信心对于孩子的成长而言同样不可或缺，因此无形中忽略了对孩子自信心的培养，导致孩子常常怀疑自己，感到自卑，在面对人生中的很多境遇时，无法拥有足够优秀的表现。

自信心是非常重要的、积极向上的心理品质，在自信心的激励下，孩子才能持续进步、努力向上，才能不断地靠近成功并获得成功。为此，伟大的科学家艾默生说，自信是成功的唯一秘诀。因此，父母尤其要注重培养孩子的自信心，从而让孩子获得在人生道路上坚持进取、源源不断的动力。需要注意的是，自信心对于任何孩子而言都不是生而有之的。要想培养孩子的自信心，父母必须积极地引导孩子，让孩子更加相信自己、更加愿意拼尽全力、努力去尝试。反之，没有自信心的孩子面对小小的困难就会止步不前，更会因为否定自己而不愿意努力尝试。不得不说，很多事情做了未必能够获得成功，但是如果什么都不做，则最终的结果就是让自己彻底与失败纠缠，再也没有成功的机会。由此可见，做了哪怕失败也没关系，至少收获了宝贵的经验，但是如果不去做，则连成功的机会也彻底失去了。

很久以前，有一个心理学教授到一所小学进行调研。在这所学校里，他挑选出二十名学生，对这些学生说："你们将来一定大有作为。"说完，教授就走了。听了教授的话，这二十名学生看待自己的眼光完全变了。曾经，他们以为自己天资平平、碌碌无为，不会有好的成就和发展，如今他们意识到自己未来会出类拔萃，为此不管做什么事情都充满信心。

若干年过去，这位教授对这二十名学生进行追踪调查，发现他们全都获得了不错的成就，成为社会上的成功人士、高精尖人才。这个时候，教授忍不住笑起来，因为当年他并非精心挑选出这二十名学生，而只是随机抽取了二十名学生而已。那么，这二十名学生为何真的有所成就呢？原因就是他们因为教授的权威推断，对于自己从缺乏自信变为信心满满，从而在人生道路上有了更好的成就和发展。

实际上，改变孩子一生的不是这名教授，而是自信。英国大名鼎鼎的撒切尔夫人，从小就被父亲要求不管做什么事都要做到最好。她一直都是这样要求自己的，所以最终才能成功地挑战自我，获得成功。古今中外，大多数成功者之所以能够获

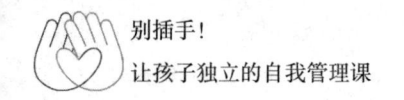

得成功，并不是因为他们天赋异禀，而是因为他们有着充足的自信和顽强的毅力，在面对人生中的各种境遇时，始终满怀信心，绝不畏缩和退却。

具体而言，父母要想培养孩子的自信，就要注意以下几点。首先，当孩子有了小小的成就时，父母一定要及时认可和赞赏孩子。父母不知道，在孩子心目中，他们把父母的评价看得至关重要。有些孩子缺乏自我认知能力，还奉行拿来主义，把父母对他们的评价当成自我评价。为此，如果父母对于孩子评价过低，孩子就会受到负面影响；反之，如果父母对于孩子评价很高，则孩子就会获得自信，变得充满信心。其次，父母要尊重孩子，保护好孩子的自尊心，不要总是挖苦讽刺孩子，更不要肆意打击孩子。否则就会伤害孩子的自尊，导致孩子自暴自弃。有很多父母讲究所谓的家长权威，觉得对孩子一定要非常严厉，才能让孩子害怕父母。其实，真正的教育是建立在相互尊重和理解的基础上的，这样才能真正营造出温馨美好的家庭教育氛围，才有助于孩子形成自信。再次，要引导孩子以积极的心态面对人生中发生的很多事情。所谓心若改变，世界也随之改变，如果孩子始终心态消极，觉得自己不管做什么事情都不可能获得成功，也没有足够的力量去改变眼下糟糕的一切，他们的力量会更小。反之，如果孩子内心充满自信，觉得自己可以很好地面对和改变一切，他们就可以鼓起勇气努力尝试，也可以拼尽全力做到最好。最后，父母要以

发展的眼光、全面的眼光看待孩子。很多父母只盯着孩子的缺点，对于孩子的优点视若无睹，也有很多父母只盯着孩子的过去，而不愿意看到孩子的进步和成长。这做法都是错误的，父母以老眼光看人，会给予孩子不公平的对待。任何时候，父母都要以与时俱进的眼光看待孩子，这样孩子才会在父母的爱与欣赏之中健康快乐地成长，变得越来越强大、越来越茁壮。

父母信任孩子，孩子更加自信

乐乐已经十二岁了，正在读小学六年级。这个暑假，乐乐想要去奶奶家玩，但是爸爸妈妈都忙于工作，没有时间送乐乐去奶奶家，为此乐乐提出要自己乘坐火车去奶奶家。对于乐乐的请求，妈妈显得非常迟疑，也很担心："乐乐从未自己坐过火车，能行吗？"爸爸对于乐乐的这个想法却很感兴趣："没想到我儿子胆量还挺大，居然要自己坐火车。"最终，爸爸说服了妈妈，他们选择信任乐乐。

妈妈为乐乐买好火车票，原本想送乐乐去火车站，没想到乐乐却说："妈妈，我独自坐地铁都有一年的时间了，可以自己去火车站。""好吧。"妈妈尽管满心担忧，也只好留在家里。乐乐前脚出家门，妈妈后脚就给在家乡的大伯打电

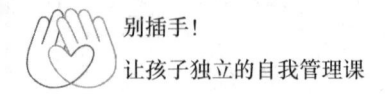

话:"大伯,乐乐已经出发去火车站了,列车如果不晚点,会在明天早晨八点钟到达。当然,列车也有可能提前到,我觉得你还是七点钟就买站台票,去站台里面等着,这样比较安全一些。"大伯再三向妈妈保证自己一定会在早晨七点钟之前就守候在站台上,妈妈这才放心。

一个小时后,乐乐到达火车站,而且顺利取票上车,并给妈妈打了个电话。妈妈还让乐乐视频通话,看到了乐乐已经把行李放在了车厢里,而且已经把吃的喝的都摆放在座位前的小桌子上了。妈妈又是千叮咛万嘱咐,乐乐都有些厌烦了:"好了,妈妈,我要看书了!到站看到大伯再给你打电话。"原本妈妈还想每个小时都和乐乐通话一次呢,这下次没戏了。好不容易吃了颗安眠药睡到次日清晨,妈妈接到了乐乐的电话:"妈妈,我已经和大伯在一起了,暑假愉快,你和爸爸不要想我哦!"妈妈忍不住苦笑:"真是母行千里儿不愁,儿行千里母担忧,我的心都要操碎了,早知道还不如请假去送乐乐呢!"爸爸对妈妈说:"你想送,也要人家愿意才行啊!其实,他能主动挑战自己,提出独自搭乘火车回家,还是挺让我刮目相看的。想当初,我是上大学的时候才走出县城,才第一次坐火车呢!看来,咱们儿子比我强多了!"有了这一次的经验,乐乐在奶奶家过了一个月,回家的时候也自己搭乘火车返回,让妈妈由衷地感慨:儿子真的长大了!

在这个事例中,乐乐之所以有这么好的表现,与父母对

第3章
不指责，建立自信是孩子管好自己的第一步

他的信任是分不开的。妈妈虽然担心，但是在爸爸的劝说下也决定相信乐乐。虽然从乐乐走出家门后妈妈就忍不住想象可能会发生各种糟糕的事情，但乐乐还是平安地抵达火车站，登上列车，又顺利地与大伯会合。很多时候，不是孩子做不到，而是父母无法放开手。只要父母勇敢地放手，相信孩子已经长大了，可以应付很多情况，那么孩子成长的速度会更快。

每一个孩子都渴望得到父母的认可和赏识，也渴望得到父母的尊重，为此，父母一定要和孩子一起成长，不要等到孩子长大了，父母还停留在孩子的年幼阶段，否则就会导致父母的教育与孩子的成长脱节。孩子之所以能够在父母的信任中建立信心，是因为他们往往很在乎父母的评价，甚至会把父母对他们的评价作为自我评价。因此，父母千万不要吝啬于肯定和赞赏孩子，唯有慷慨地表扬孩子，激励孩子不断成长，孩子才会进步更大，才会从父母的认可中得到更多的力量和信心。

具体而言，父母要想帮助孩子建立和提升信心，就要做到以下几点。首先，当孩子作出自己的选择时，父母不要一味地强迫孩子改变，而要尊重孩子的选择。一个自信的孩子，首先是能够成为自身主宰的孩子，如果连自己的主都做不了，还何谈自信呢？其次，当孩子积极主动地参与家庭事务的决策时，父母要认真倾听，如果孩子的建议正确，也有道理，父母要积极采纳。也许孩子的建议不是最佳的，但这是孩子作为家庭主人翁的表现，为此，父母要帮助孩子形成正确的家庭成员心

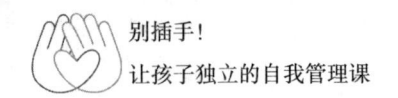

理角色，这样，孩子才会更加以小主人的身份出现在家庭生活中。最后，每当孩子面对难以逾越的困难和障碍时，父母不要总是代替孩子解决问题，更不要挡在孩子的前面不让孩子承担任何责任。正确的做法是激励孩子独立解决问题，在孩子需要帮助的时候向孩子伸出援手，唯有如此，孩子才能不断成长，才会有更好的表现。总而言之，孩子的自信心并非与生俱来的，任何时候，父母都要相信孩子，都要给孩子营造充满信任的家庭氛围和成长环境，如此，孩子才能健康快乐地成长，变得越来越有自信。

赏识教育中成长的孩子更自信

很小的时候，迪士尼就特别喜欢绘画，而且很喜欢阅读各种各样的探险小说。他有一个不为人知的梦想，就是以图画的形式表现出探险小说的精彩，让更多和他一样喜欢绘画的孩子也能看到精彩的探险绘画。在小学阶段，老师让孩子们完成一幅绘画作品，是关于一盆花的。没想到，迪士尼的想象天马行空，居然把花朵变成了人脸的模样，把叶子变成了人手的模样，而且他笔下的每一朵花都有着惟妙惟肖的表情。看到迪士尼这样的美术作业，老师特别生气，没有意识到迪士尼有着丰富的想象力，反而在气愤之余把迪士尼的画作全都撕掉。老师

第3章
不指责，建立自信是孩子管好自己的第一步

郑重其事地告诫迪士尼："以后不许在美术课上胡闹，画那些子虚乌有的东西。"迪士尼很委屈，也很失落，满脸不悦地回到家里。父亲看到迪士尼郁郁寡欢的样子，问清楚事情的原委，马上表示支持迪士尼："你的画作很有创意，看起来简直太美妙了。你一定要坚持下去，才能做出成就。你不要过于在乎别人的想法，只要坚定不移地做自己就好。"

爸爸的认可和鼓励，让原本失望沮丧的迪士尼获得了力量。后来，迪士尼长大了，把自己的画作投稿，但遗憾的是，这些投稿都被退了回来。直到有一天，迪士尼无意间创作出米老鼠和唐老鸭的形象，从此以后，他的画作风靡全世界，并且，他成功地创造出一系列的动画作品，获得了27项奥斯卡金像奖。迄今为止，他依然是世界上为数不多得到奥斯卡金像奖最多的人，他的成就无人能超越。

如果当年在被老师批评和否定之后，没有得到爸爸的赏识，或者被爸爸又劈头盖脸数落一通，那么迪士尼一定无法坚持这么久。正是爸爸的鼓励，让他意识到做自己的重要性，所以，不管是被老师批评，还是被退稿，都没有动摇他坚持创作的心。所谓功夫不负有心人，直到很久之后，他才因为创作出米老鼠和唐老鸭的形象而声名大噪。这就是坚持的力量。

通常情况下，孩子可以通过自我激励获得自信心，但是这样的自我激励是需要严苛条件的，即孩子能够客观公正地认知自己，且能够不断地激发自己的上进心和拼搏能力。孩子想要

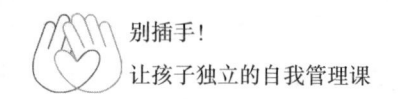

获得自信，除了自我激励外，还有一个重要渠道，那就是父母的认可与赏识。每一个新生命从呱呱坠地开始，就在父母无微不至的照料下成长，因此，父母是孩子最信任和最依赖的人，也是最了解孩子的人。很多孩子都把父母对他们的评价看得至关重要，因为他们很清楚父母对于他们的一生都会产生举足轻重的影响。为了帮助孩子更好地成长，更好地面对未来，父母千万不要随意否定和批评孩子，而要竭尽所能地发掘孩子身上的优点和闪光点，这样，才能及时认可和肯定孩子，才能给予孩子最好的激励。

以往，很多父母都会批评和否定孩子，奉行传统的教育思想，坚持认为棍棒底下出孝子。随着时代的发展，教育观念的更新，越来越多的父母认识到，只有赏识孩子，才能激发孩子的主动性，才能让孩子满怀信心面对人生，活出独属于自己的精彩人生。

帮助孩子建立自信，父母要有耐心

依依是独生女，爸爸妈妈在她身上寄予了很高的期望。爸爸妈妈都是大学教授，曾经都是不折不扣的学霸，而且依依的妈妈琴棋书画样样精通，是个不折不扣的才女。因此，在培养依依的时候，他们全方位兼顾，想要面面俱到，对于依依的要

第 3 章
不指责，建立自信是孩子管好自己的第一步

求也很严格。

有一次，学校里举行联欢会，从小就练习芭蕾舞的依依有一个独舞的节目，还有一个钢琴演奏的节目。在进行钢琴演奏的时候，依依进展很顺利，以行云流水般的钢琴曲赢得了全校师生的一致好评，爸爸妈妈坐在舞台下面觉得脸上特别有光。后来，在独舞的节目中，依依不知道是因为鞋子不合脚，还是因为走神了，居然不小心摔了一跤，导致节目被迫中止，引起了小小的骚动。这个舞蹈依依已经练习了很多次，为何还会出错呢？妈妈很生气，当即去后台检查依依的伤势，在发现依依并无大碍之后，狠狠地批评了依依一通。依依很沮丧，后来常常把自己关在房间里，不是写作业，就是练习舞蹈，或者看书，总而言之就是不愿意和爸爸妈妈沟通。渐渐地，依依吃晚饭的时候也总是把饭拿到房间里吃。一开始，爸爸妈妈觉得依依是因为舞蹈没有表现好很愧疚，后来才意识到依依很有可能出现了心理问题。

果然，妈妈在咨询心理专家之后，认识到依依有些自闭的倾向。为此，爸爸妈妈不敢再批评和否定依依，而总是想方设法肯定和表扬依依。但是，依依的舞蹈依然没有什么起色，甚至因为内心的惶恐而导致一旦听到音乐声响起，她就会很恐惧、很害怕。看着依依紧张无助的样子，妈妈感到很心疼，这才意识到自己一直以来对于女儿的要求太高了，以致让女儿患上了严重的心理疾病。

原本，多才多艺、品学兼优的依依是很有自信的，但是，父母对于她的要求实在太高，不能容忍和原谅她无意的错误，所以对她严厉批评和否定。这样一来，依依原本不够坚定的自信瞬间土崩瓦解，她感到很犹豫彷徨，也不知道如何表现才能令父母满意，为此更加忐忑，做事缺乏自信。可想而知，在这样惊惶的状态下，依依在舞蹈上要想有所进步，是很难的。

孩子的成长有自身的规律可循，因此，父母千万不要总是强求孩子快速发展，尤其是对于年幼的孩子，父母望子成龙、望女成凤固然可以理解，但是不要揠苗助长。否则就会违背孩子的成长规律，导致事与愿违。

每朵花都有自己的花期，的确如此，每个孩子也都有自己的花期，对此，父母要安静地等待孩子花期的到来，而不要急功近利，希望孩子的成长能够一蹴而就。尤其是在如今的时代里，太多的父母都患有教育焦虑症，一方面是很爱孩子；另一方面，如果孩子的成长不符合自己的预期，就常常会因此与孩子发生各种矛盾。其实，学习只是孩子成长的一个渠道，并非全部。面对孩子的成长节奏，父母一定要给予孩子足够的尊重，要相信孩子可以把很多事情都做到更好。其次，父母要端正态度，以正确的态度对待孩子，与孩子相处，而不要觉得孩子还小，对孩子颐指气使，或者不给孩子说话和表达的权利。孩子再小，也是家庭成员之一，父母在做很多事情的时候都要考虑到孩子的意见和想法,也要尊重孩子的内心。最后,父母要养成认可和赞赏孩子的好习惯,哪怕孩子只有小小的进步,父母也要慷慨地赞赏孩子,从而给予孩子自信的力量。即使孩子失败了,父母也要积极地鼓励孩子勇敢尝试,而不要总是让孩子陷入被动和无奈的困境中。记住,没有人天生就能获得成功,孩子更是如此。古今中外,无数成功者能够做出伟大的事情,都是因为他们足够坚韧,有踩着失败的阶梯不断前进的勇气和毅力。例如,爱迪生发明电灯的时候,为了寻找合适的材料作为灯丝使用,尝试了一千多种材料,进行了七千多次实验。再如,司马迁之所以能够创造出《史记》,被鲁迅先生誉为"史家之绝唱,无韵之离骚",是因为司马迁在遭遇宫刑之后依然发奋写作,最终完成《史记》的创作,从而青史留名。

要想帮助孩子建立自信,父母一定要有耐心,要足够坚持、足够宽容,且要以最佳的方式引导和帮助孩子。若父母一旦看到孩子犯错就歇斯底里,不愿意宽容和帮助孩子,孩子就会变得越来越胆怯,也会害怕被父母批评和训斥。最好的成长氛围,不是孩子见到父母就像老鼠见到猫一样,而是孩子能够真正把父母当成是值得信任的朋友,敢于向父母倾诉,也乐于向父母说出自己的真实想法。唯有如此,父母才能成为孩子成长最好的陪伴者,才能与孩子相依相伴,相互扶持,不断努力向前。

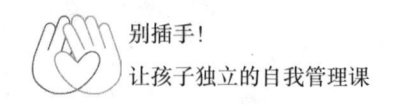

发掘孩子的闪光点，引导孩子认知自己

有个年轻人生活很落魄，始终不如意，他一路流浪奔波，到法国巴黎谋生。但是，只依靠自己的力量，显然无法找到合适的工作，为此他辗转找到父亲的好朋友，希望对方能够帮助他找到一份工作养活自己。

父亲的朋友问年轻人："你精通数学吗？"年轻人摇摇头。

父亲的朋友又继续问年轻人："那么，你擅长地理，或者精通历史吗？"年轻人还是不断地摇头，脸上露出羞愧的神色。

父亲的朋友有些无奈，继续耐心地问："那么，你擅长法律吗？"年轻人羞愧地低下头，以无言回答了对方。后来，父亲的朋友又问了年轻人好几个问题，但是年轻人全都否定回答。在他心中，似乎觉得自己一无是处。

无奈之下，父亲的朋友只好告诉年轻人："那先把你的联系方式留给我吧，既然受到你父亲的委托，我总得给你找份工作，这样你才好度日。"年轻人拿起笔，把自己的地址和姓名写在纸上，正当他悻悻然准备离开的时候，父亲的朋友突然叫住他："等一下，年轻人，你写得一手好字啊！就凭这个，你就能谋到一份好工作。"年轻人很惊讶："写字好看也算是优点吗？"父亲的朋友激动地点点头，说："当然，你能把字写得漂亮，你可以依靠写字吃饭。如果你再擅长创作，那么你的文采加上你的一手漂亮字，简直让人无法抵抗！"后来，这

个年轻人果然开始练习写作，渐渐地，他不但字写得越来越漂亮，而且写得一手好文章，成了尽人皆知的文学大家。他就是大仲马——十八世纪法国大名鼎鼎的作家。

很多孩子都不知道自己的优点是什么，这个问题的产生不但与他们有密切关系，而且与他们的父母也有一定的关系。孩子意识不到自己的优缺点其实很正常，因为越是年幼的孩子自我认知能力越差，自然也就缺乏自我评价能力。但是，父母有责任和义务发掘孩子身上的优点，唯有如此，父母才能更加认可和赏识孩子，才能在不断陪伴孩子成长的过程中给予孩子源源不断的自信。

除了要发掘孩子的优点之外，父母还要引导孩子发现自身的优点。归根结底，孩子不管是学习，还是成长，都需要源源不断的内部驱动力，只依靠外部的人和事情获得成长，对于孩子而言几乎不可能实现。孩子了解自己的优点很重要，因为不管是扬长避短，还是取长补短，都要建立在孩子认知自身优点的基础之上。那么，如何才能引导孩子发现自身的优点呢？其实，写日记是一个很好的方式。每天，孩子都可以记下自己所做的事情，哪些事情是让自己骄傲的，哪些事情是让自己沮丧的。这样一来，他再做类似的事情时，就可以把好的方面发扬光大，而对于坏的方面多加注意，及时改进。其次，要想找到优点，还要学会发现缺点。有的时候，优点会转化为缺点，而有的时候，缺点也会转坏为优点。这是因为优点和缺点都不是

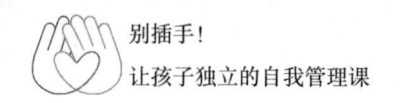

绝对的，是可以相互转化的，就像一件事情的两面密不可分，就像孪生的兄弟姐妹一样彼此之间有着千丝万缕的联系。所以不要一味地盯着优点看，还可以看看哪些缺点经过转化能够成功变身为优点，这很重要。

最后，很多孩子之所以对于自身没有理性的认知，也有可能是因为缺乏参照物。很多孩子总是以自我为中心，眼睛里只有自己，而很少看到别人。为此，他们看到的自己是孤立存在的生命个体，因为缺乏同龄人作为参照物，所以，他们无法把自己放在人群中进行理性评价。为了解决这个问题，父母要多多引导孩子们参加集体活动，这样，孩子们才会意识到每个人都既有优点也有缺点，也会更加客观地看待自己和他人。此外，与小伙伴相处的过程也是一个学习的过程，若孩子们常常与同龄人相处，他们的学习和进步的速度就会更快，也会因此而变得更加自信。

孩子从来不是用作攀比的资本

这次月考中，小丽的成绩不太理想。因此，小丽才拿着试卷回到家里，妈妈就开启了唠叨模式。妈妈先是批评小丽学习不认真，做题目总是三心二意，该错的和不该错的全错了。后来，她又对小丽说："同样都是孩子，你也不比人家傻，长得比人还高呢，为何一到考试就马上比人矮三分呢？"原本，小丽还因为考试成绩不理想而感到内疚，听到妈妈这句话，小丽马上也火冒三丈："您想说什么就明说，不用阴阳怪气的！"妈妈说："我想说什么你不都知道么？楼上的鹏宇，人家正数第十名，你倒数第十名。我就问问你，我对你要求也没那么高，没让你考个第一回来，你怎么就不能凑合到十几名呢？次次都三四十名，我的脸都被丢尽了。"

听了妈妈的话，小丽更加崩溃："鹏宇好，你让鹏宇来给你当儿子啊，我不好，你不要认我当你的闺女啊！一天到晚比来比去，有意思么？你光会拿我和鹏宇比，你咋不和鹏宇的爸爸妈妈比呢？人家的父母都是高级工程师，你们呢，一个是清洁工，一个是工人。我没有嫌弃过你们吧？遗传还不一样呢，就只知道拿我和别人比吗？"妈妈被小丽说得哑口无言，也感受到被攀比带来的深深伤害。

如果不是一次又一次因为妈妈的攀比而受到伤害，相信小丽不会说出这样的话来。的确，妈妈总是把攀比的艰巨任务交给小丽，却忽略了自己作为妈妈与别人家的妈妈同样是不同的。既然如此，为何只是一味地要求孩子，而不对自己提高要求呢？人都要学会换位思考，这样才能站在别人的角度上思考问题，而不至于陷入主观的误区。父母千万不要盲目地拿孩子与其他孩子比较，否则就会导致自己内心失去平衡，也让孩子愤愤不平。

049

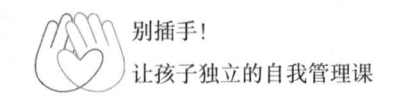

常言道，人比人气死人，偏偏很多父母虽然知道这句话，也明白其中的道理，却仍总是忍不住要把自己的孩子拿去与别人家的孩子进行比较。在比较的过程中，他们如果占据优势，就会沾沾自喜，以孩子为骄傲，如果处于劣势，就会迁怒于孩子，或者责骂孩子不能给他们脸上增光。比较，到底有何意义呢？无数事实告诉我们，那些爱攀比的人往往都是爱慕虚荣的，都是想要与人一较高下来满足自己内心的。当然，生活中可以比较的东西很多，但是，唯独不要用孩子比较，因为孩子从来不是用作攀比的资本。

当父母把孩子拿去与人比较时，若孩子比过了别人，孩子难免会骄傲；若孩子比不过别人，孩子会受到打击。正确的比较方法不是拿孩子与其他孩子进行横向比较，而是拿今天的孩子与昨天的孩子进行纵向比较。孩子只要在今天有所成长，比起昨天来有很大的进步，就是很成功的。反之，孩子如果在今天没有成长，甚至与昨天相比还有退步，就要激励孩子，努力向前。这样的比较可以始终为孩子敲响警钟，让孩子以进步为最终目的，获得长久的进步和持久的发展。这样的纵向比较不会打击孩子稚嫩的心灵，反而会让孩子更加准确清楚地看到自己的进步和退步，从而有的放矢地调整成长和进步的节奏。

出于为孩子的心理健康考虑，父母最好不要攀比，更不要以孩子为资本进行攀比。遗憾的是，现实生活中有太多的父母都觉得自己家的孩子非常优秀，可以秒杀天下一切孩子，等到

真的比较时，又因为自己家的孩子到处都不如别人，而变得很沮丧，甚至把攀比失败的怒气都发泄到孩子身上。此外，父母的攀比心态会无形中影响孩子，使得孩子也变得非常爱攀比。

既然不恰当的攀比会打击孩子的信心，让孩子变得盲目自卑或者妄自尊大，父母还有什么必要攀比呢？任何比较都会产生危害，因为每个孩子都是这个世界上独一无二的存在，都是特例独行的生命个体。他们因为父母来到这个世界上，却不是父母的复制品。他们和很多小伙伴一起成长，却一定不会和他们之中任何一个人一样。作为父母，我们要看到孩子点点滴滴的进步，孩子只有每一天都坚持进步，才能不断成长。孩子只要每一天都坚持进步，就一定可以成为最好的自己。

金无足赤，人无完人，每个人都有自己的优势，也有自己的不足。孩子既要看到自己的优点，也要看到自己的缺点，唯有如此，才能更加有的放矢地发扬优点，避开缺点。作为父母，我们也要采取这样一分为二的态度看待问题，否则就会给孩子的成长带来很多障碍和负面影响。

第4章

给孩子独立的空间,让孩子拥有自己的意见

父母给孩子的空间越大,孩子的发展就会越好。反之,如果父母总是给孩子逼仄的人生空间,不允许孩子有自己的思想和主见,渐渐地,孩子就会失去主见,在生活中充当附和的角色。明智的父母知道,好孩子不是管出来的,而是在自由、民主的氛围中成长起来的。为此,他们会给孩子独立的空间,也允许孩子拥有主见。

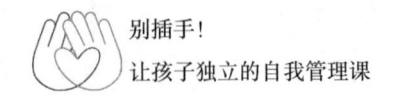

给孩子作选择的空间和权利

富兰克林小时候长得非常漂亮,一双碧蓝的眼睛大大的,鼻梁非常挺拔,头发是金色的,且略显蜷曲。很多人都特别喜欢富兰克林,尤其是妈妈,更是爱上了富兰克林这一头漂亮的金色短发,常常会买来各种款式别致的衣服给富兰克林穿。但是,富兰克林一天天长大,他并不喜欢妈妈精心为他挑选的这些衣服。

有一天,妈妈又兴冲冲地从外面回来,拿了一身当下最时髦的衣服给富兰克林穿。但是,富兰克林不喜欢这些华贵的衣服,他终于鼓起勇气对妈妈表示了拒绝。还有一次,妈妈想让富兰克林穿上苏格兰短裙,富兰克林是个男子汉气概很浓郁的男孩,根本不愿意穿这样女性气息浓郁的衣服,为此当即拒绝了妈妈。最终,他和妈妈协商一致,穿上了帅气的水手服。为此,富兰克林的妈妈一直感到很遗憾,她始终觉得自己对于服装的品位是很高雅的,但是富兰克林显然不愿意买账。从此,富兰克林始终坚持自己的着装风格,在人生的道路上,也到达了属于自己的巅峰。

从富兰克林坚持穿自己喜欢的衣服这件事中,我们不难看出,他从小就是一个非常有主见的孩子,所以才能把自己的

第4章
给孩子独立的空间，让孩子拥有自己的意见

人生经营得这么好。富兰克林很幸运，他有一个自认为对于服装的品位很高雅的妈妈，但是这个妈妈并没有强迫他一定要怎么做，哪怕只是在穿衣服这件小事情上，妈妈也能尊重他的意见，尽量与他达成一致。在现实生活中，有很多孩子就没有这样的好运气，他们的父母非常强势，不管做什么事情都想代替他们做主，甚至根本不给他们发表意见的机会。为此，他们非常苦恼，内心的很多想法也受到深深的打击。

在中国，很多父母的传统教育思想还很明显，他们自诩一家之主，也因为自己生养了孩子，就觉得自己对于孩子享有绝对的支配权和义务。而在西方国家，父母与孩子之间的关系相对民主、自由和平等，父母会享受自己的独立人格，也会尊重孩子自己的意志。尤其是在很多理所应当由孩子做主的事情上，父母会给予孩子更多的自由，也会让孩子尽情地表达意见和看法。

然而，亲子沟通和相处从来不是一件简单容易的事情。很多时候，孩子虽然从理性上意识到自己应该怎么做，但是因为不够成熟，也因为缺乏自制力，他们往往无法合理有效地控制自己。在这种情况下，父母可以多多提醒孩子，也可以和孩子约法三章，从而培养孩子的自制力，而不要全权代替孩子去做什么事情，更不要给予孩子消极负面的影响。记住，父母不可能跟随在孩子身边一辈子，孩子会长大，会独立地面对人生，因此父母一定要与时俱进，给予孩子更大的自由空间去成长。

055

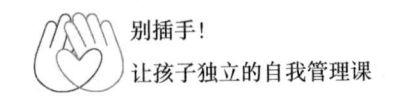

否则，被父母紧盯着长大的孩子，自制力只会更差，对于人生的把控能力几乎没有。

此外，若父母总是逼着孩子去做很多事情，孩子勉强去做，效果一定不会很好。相反，孩子对于自己心甘情愿作出的选择，会更努力地去做，也会本着对自己的选择负责任的态度，把很多事情做得更好。从这个角度而言，父母为了保证孩子做事情的效果，也应该引导孩子自主作出选择，而不要一味地强制要求孩子去做什么。总而言之，父母不要急功近利，也不要总是对于孩子有太多的管束，在爱与自由中成长的孩子，会在人生中有更好的成长和境遇，也会在生命的历程中更加全力以赴地奔向成功。

尊重孩子，让孩子更有主见

很多人对于英国的第一位女首相——撒切尔夫人都印象深刻，在世界政坛上，她高瞻远瞩，为此成为伟大的政治家，也在外交方面有非常出色的表现，在世界政治历史上留下了浓墨重彩的一笔，被世人尊称为"铁娘子"。

撒切尔夫人叫玛格丽特，她之所以拥有如此伟大的成就，与父亲对她的教育是密不可分的。玛格丽特的父亲叫罗伯茨，经营着一家杂货铺。他是一个有着广泛兴趣爱好的人，尤其喜欢读书，在他的影响下，玛格丽特从小就广泛阅读，而且对于

第4章
给孩子独立的空间，让孩子拥有自己的意见

政治表现出浓郁的兴趣。在玛格丽特小时候，有一天，父亲告诉玛格丽特："孩子，你必须记住，一定要有自己的主见，而不要总是跟随别人的思想随波逐流。"玛格丽特牢牢记住了父亲的话，虽然家庭生活环境很艰苦，但是她从未对生活表现出屈服，反而渐渐养成了独立坚强的个性。有一次，玛格丽特因为缺钱，想要向父亲借钱用，被父亲严词拒绝了。后来，她凭借在父亲的杂货店里做工，才得到了自己需要的钱。

父亲对于玛格丽特的要求一直非常严格，他不允许玛格丽特和孩子们一起玩耍，而是要求玛格丽特坚持争分夺秒地学习。正是因为这样勤奋学习的精神，玛格丽特成长为一个越来越有思想和主见的女孩。在学校里，每当有人来演讲的时候，玛格丽特总是坐在第一排认真聆听，而在得到提问机会的时候，她又会第一个站起来向对方提问，与对方交流想法，获得进步。因为始终坚定不移地做自己，玛格丽特的演讲水平也越来越高。有一次，她的演讲被其他人反对，但是她并没有停止，而是气定神闲地进行完正常演讲。在别人看来，玛格丽特始终是很特别的，也不太顾及别人的想法和看法，尤其是对于自己思考决定的事情，几乎从来都是毫不迟疑地去实现。而实际上，这正是玛格丽特有魄力、够果断的表现。正是凭着这样的铁腕精神，玛格丽特才能成为伟大的女首相，盘踞英国政坛若干年。

什么是主见呢？所谓主见，就是一个人在面对人生中的各种问题时，所阐述的思想，所作出的选择和决定，所表现出来

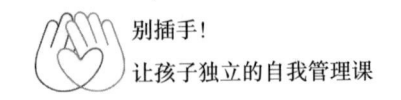

的决断能力和解决问题的能力。现代社会，很多孩子从小习惯于依赖父母，总觉得有父母的照顾，他们就可以做很多事情。而实际上，一旦脱离了父母的照顾，他们就会失去原本强大的能力，甚至一件事情也做不成，就连发表主见也很困难。这是因为习惯于依赖，导致他们失去了思考能力。对于孩子而言，最宝贵的是什么？不是他们取得了多么优异的成绩，也不是他们得到了多少人的赞赏，而是他们的主见。只有有主见的孩子，才能在做很多事情的时候都坚持自己的想法，并勇敢无谓地承担应该承受的后果。只有有主见的孩子，才能在面对人生的时候，有自己的特立独行，从而避免人云亦云的命运。父母培养孩子独立思考的能力，让孩子更加有主见地面对人生，实际上就是让孩子坚定勇敢，就是给孩子最珍贵的礼物。

具体而言，培养孩子的主见，就是要引导孩子勤于思考。毋庸置疑，一切的主见都建立在思考的基础上，如果没有思考，也就没有主见可言。如果没有思考，孩子的思维就会变得越来越懒散，孩子的内心就会越来越空虚。只有勤于思考的孩子，才能在遇到任何问题的时候都不盲从，才会在面对人生的岔路口时表现出更加坚定不移的气势，有的放矢地面对人生。有主见的人不会在各种想法之间犹豫徘徊，而是很清楚自己的内心需要什么，也很明白自己的人生要得到怎样的发展。当然，一旦选定了，哪怕有糟糕的结果，他们也可以勇敢承担，而绝不畏缩和退却。

第4章
给孩子独立的空间，让孩子拥有自己的意见

要让孩子有主见，父母要更加信任和尊重孩子。很多父母从来不愿意放手，美其名曰保护孩子，实际上只是不相信孩子可以把很多事情做好，也不相信孩子的想法是正确的。为此，他们总是否定孩子，也常常会质疑孩子。殊不知，当父母不相信孩子时，孩子对于自己的想法也就会产生怀疑的态度。明智的父母非但不会质疑和否定孩子，反而会给予孩子更大的自主空间去作很多决策。同时，对于孩子已经决定的事情，他们也不会多加阻挠，而是会尊重孩子，也让孩子独自承担责任。

培养孩子的主见，除了要让孩子主意正、相信和坚持自己的选择之外，父母还要教会孩子说"不"。如今，有很多孩子从小就在无微不至的照顾中成长，因此不知不觉间就失去了独立的思想，他们误以为整个世界都是围绕自己旋转的，在人际相处过程中也表现出很被动的一面。尤其是在面对别人的求助时，他们常常不会拒绝，也为此让自己变得很被动。有很多父母在培养孩子的主见时，往往会忽略对于孩子拒绝能力的培养。其实，让孩子学会拒绝，恰恰是培养孩子有主见的重要一环。

人是群居动物，每个人都要在人群中生活。父母除了要与孩子相处之外，还要照顾孩子的饮食起居，保证孩子的健康成长，并激发孩子的独立思考能力，让孩子能更加从容理性地思考。一个孩子若没有勤于思考的好习惯，没有独立思考的能力，就会变成父母的提线木偶，即使有朝一日走上社会，也无法真正地做好自己，更无法在人生的道路上有更高的成就和更丰富的收获。

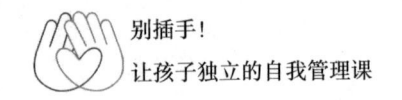

不要抹杀孩子的天赋和个性

在流水线般的教育机制下，孩子们就像是同一台机器生产出来的产品一样，整齐划一，没有太大的区别。如果从商品的角度而言，当然是同样的商品区别越小越好，但是从教育的角度而言，真正成功的教育不是生产出来一模一样的孩子，而是要激发孩子的天性，这样孩子才能发挥自身的特长和闪光点，成就不一样的自己。

遗憾的是，在应试教育的大背景下，很多父母评价孩子都唯分数论，认为孩子只有学习好人生才有出路。实际上，每个孩子的天赋是不同的，这就中注定了他们的发展和成长不可能整齐划一。父母要在应试教育的背景下尽量给予孩子更大的成长空间，尽量给孩子更多的机会去进行遵从内心的选择，这样才能解开对于孩子的束缚，帮助孩子更加有的放矢地面对人生。若孩子都像是流水线上的机器生产出来的商品那样毫无个性，也没有棱角，渐渐地，孩子就会迷失自我。

具体而言，父母要尊重孩子的天性，帮助孩子成长，首先，要让孩子变得更加独立。太多的父母都把孩子当成是自己的提线木偶，在孩子还没有真正按照自身的意志开始成长时，就会给予孩子各种条条框框的约定。为此，父母一定要有的放矢地帮助孩子，一定要给予孩子更大的空间去成长和发展。这样，孩子才能更自由，才能遵循人生的规律去成长。

第4章
给孩子独立的空间，让孩子拥有自己的意见

其次，父母要给孩子更多游戏的机会，尤其是对于年幼的孩子，不要总是封建教条，而要以游戏教育为主，引导孩子更加健康快乐地成长。很多父母都望子成龙、望女成凤，希望孩子能够尽快学习和掌握更多的知识。殊不知，在特定的人生阶段，孩子有自己的成长方式。对于年幼的孩子而言，知识要在玩中学，要在快乐中学。只有寓教于乐，才能对孩子起到最佳的作用，才能对孩子的成长事半功倍。如今，有很多父母对于孩子的人生总是太多规划，无形中束缚了孩子的成长，导致孩子有很多困难需要战胜，在成长中非常被动且无奈。总而言之，孩子不可能完全按照父母的想法去成长，他们更需要在成长的过程中不断地激励自身的斗志，勇敢无畏地向前。也许孩子自然的成长无法完全符合父母的心意，但是孩子的人生需要更广阔的天地，需要不断努力和坚持，需要更多的可能性和创造奇迹的机会。任何时候，人生都不应总是被局限，更不应被束缚在条条框框中，每个人都需要自由，需要辽阔和广袤无垠的发展空间。当然，以游戏的方式来教育和引导孩子，未必会在最短的时间内取得最好的效果，但是对于孩子的身心发展会有很大的好处。作为父母，我们一定要尊重孩子的内心，尊重孩子的天性，这样孩子才能有的放矢地努力向前，才能全力以赴地奔向前方。

最后，父母要为孩子创造充满爱和自由的环境。只有在爱与自由之中，孩子才能渐渐形成独立的精神，只有在民主的家

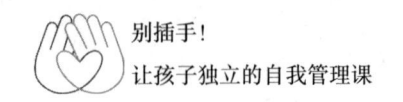

庭氛围中，孩子才敢说，才愿意表达自己的心声，遵从内心作出选择。如果父母总是强制孩子，限制和拘束孩子的成长与发展，渐渐地，孩子就会越来越被动，孩子的内心也会很枯燥和乏味。为此，父母一定要引导孩子自由地成长和发展，也要尽量为孩子营造爱与自由的环境，唯有如此，孩子才能更加有的放矢、无所畏惧地前进。父母不是孩子人生的计划者，也不是孩子未来的规划者，孩子理应有属于自己的人生，也理应有自己的成长节奏和规律。父母唯有尊重孩子，顺从孩子的天性，才能保证孩子健康快乐地成长。意大利伟大的教育家蒙台梭利主张让孩子在爱与自由的环境中成长，如今，有很多父母也都主张学习蒙台梭利的教育方法。的确，当父母"无为"，孩子就会"有为"。

对父母言听计从的孩子真的好吗

苗苗刚上一年级，是一个特别听话的孩子，不管妈妈说什么，她都言听计从。开学没多久，班级里竞选班委，苗苗很喜欢唱歌，为此也参加了音乐委员的竞选，但是没想到，妈妈知道这件事情之后当即表示反对，对苗苗说："苗苗，当班委有什么好的？学习的时间本来就很紧张，当了班委还要浪费时间去为班级同学服务，妈妈觉得你只要做好自己该做的事情，把学习搞好就行，不要当班委。"就因为妈妈的这句话，苗苗才

第4章
给孩子独立的空间，让孩子拥有自己的意见

当了一天音乐委员，就去辞掉了。

在整个小学期间，苗苗都按照妈妈所说的，两耳不闻窗外事，一心只读圣贤书。后来，苗苗更是在妈妈的安排下按部就班地学习、工作、结婚、生子。直到有一天，苗苗的婚姻破裂，她开始抱怨妈妈当年看错了人，害她托错了终身。

在这个事例中，苗苗是典型的对父母言听计从的孩子。虽然已经成年，但是她对人生从来没主意，不能主宰和掌控自己的人生，而只能作为妈妈的提线木偶，在做很多事情的时候也常常没主意，更无法对自己的人生负责。在前段时间播出的《非诚勿扰》节目中，有个年轻的女孩非常漂亮，身材高挑，但是凡事都要听妈妈的。面对一个比她才小一岁的优秀男孩，她很喜欢，但最终还是拒绝了对方的请求，原因很奇葩："妈妈说，哪怕男孩就比我小一天也不行！"原来，这个女孩来自单亲家庭，从小就和妈妈一起生活，所以养成了凡事都听妈妈话的习惯。对于女孩的表现，嘉宾点评时提到一个很犀利的观点，那就是女孩不要和妈妈一起沉浸在过去的悲伤和阴影之中，而应该带着妈妈一起勇敢地走出来。

换一个角度来看，父母应该总是指挥和命令孩子吗？太多的父母因为自己生养了孩子，就觉得孩子是父母的附属品或者私有物，就对孩子有太多的意见和想法，实际上，对于孩子而言，即使再小的孩子也是独立的生命个体，也有自己的意见和想法，也会对于人生有自己的憧憬和渴望。父母需要做的是尊

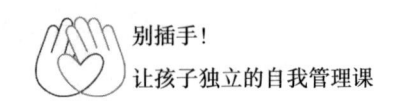

重孩子，给予孩子更大的空间去独立生存，进行自己的选择，而不要总是给予孩子太多的指挥和命令，导致孩子失去自我，在成长的过程中感到更多的迷惘和无奈。

父母对孩子最好的爱，不是凡事都代替孩子安排好，也不是时时处处都命令孩子，而是给予孩子更大的成长空间，唯有如此，孩子才能健康快乐、不断成长，才能在人生的道路上收获更多的幸福美好。总而言之，要想培养出顶天立地的人，要想让孩子能够支撑起整个人生，收获幸福美好，父母就要激励孩子不断成长，也要及时放手，让孩子在成长的道路上努力上进。切记，父母无微不至、充满控制欲的爱，会对孩子造成深深的伤害，也会让孩子失去人生的动力，对于人生没有任何创造性可言。

具体而言，父母要足够尊重孩子，全方位呵护孩子的心灵，对于孩子的很多选择，父母也要怀着宽容的态度。事无巨细的保姆，从来不是孩子的好父母。记住，优秀的孩子出自于出类拔萃的父母，只有父母对待孩子的态度认真从容，父母与孩子才会有更好的成长与相处，才会有更美好的未来与人生。

让孩子有机会选择喜欢做的事情

自从小荷升入三年级，始终淡定的妈妈也变得不淡定起来。看到班级里很多同学从一年级开始就报名参加各种课外

第 4 章
给孩子独立的空间，让孩子拥有自己的意见

班，妈妈也给小荷报了六七个课外班，有英语、奥数、作文、还有舞台、古筝、非洲鼓、跆拳道等。这样一来，小荷周末就变得非常忙碌，根本没有时间休息。小荷几次对妈妈提出意见，妈妈却以其他同学都是这么上课的为由，不理会小荷的反对。

然而，小荷上了两个多月的课外班，老师们给妈妈的反馈都是并没有明显的进步，而且上课的时候常常心不在焉。妈妈为此和小荷大吵一架，小荷也很崩溃，说："我不想学，也不想去上课，你报名的课程都是我不喜欢的！"爸爸听到小荷的话，和妈妈商量："兴趣班，兴趣班，是不是要考虑下小荷的兴趣呢？这样强迫她，根本没有用啊！"在爸爸的劝说下，妈妈终于同意给小荷减少几个兴趣班，并且根据小荷的兴趣，给小荷报了绘画班。果然，小荷在绘画班表现非常好，特别突出。原来，小荷最想学习的就是绘画。因为尊重小荷，选择了小荷喜欢的课程，小荷对于课外班没有那么抵触了，而且表现非常好，进步特别大。

现实生活中，有太多的孩子每到周末的时候就在各个课外班之间奔波往返，为此他们周末反而比平时更加辛苦忙碌，身心俱疲。但是，如果报课外班的时候不能从孩子的兴趣爱好出发，则会导致孩子兴趣索然，即使勉强去上课，也不会收到良好的效果。父母在给孩子报课外班的时候，一定要尊重孩子的兴趣爱好，而不要一味地从功利心出发，强迫孩子参加各种补习班、未来可以加分的兴趣班等。孩子虽然小，但也有自己的思想和灵魂，也有自己的兴趣和爱好。当然，因为心智发育不

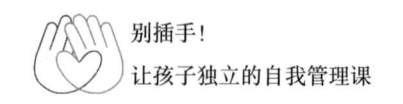

成熟，所以孩子的兴趣会出现不稳定性，为此，父母要多多用心观察孩子，找到孩子感兴趣的事情。

有的时候，父母会觉得孩子的兴趣很简单，太过幼稚，对此不屑一顾，而引导孩子向着父母感兴趣的方向去发展。其实，这样的做法完全是错误的。对于父母而言，当发现孩子的兴趣如同火苗一样微微跳动时，不要无视，而应该珍惜孩子的兴趣表现，有的放矢地引导孩子发展自身的兴趣。只要父母用心培养，引导孩子对于自身的兴趣更加重视，投入和付出更多，则渐渐地，孩子一定会从兴趣中得到更多的幸福和快乐，也会获得长足的进步和发展。

正如人们常说的，兴趣是最好的老师。尊重孩子的兴趣爱好，是父母对孩子最好的呵护之一。著名的童话大王郑渊洁就曾经说过，当孩子还没有对一些事情表现出明确兴趣的时候，父母不要让孩子做不感兴趣的事情。反之，当孩子真正对一件事情产生兴趣的时候，父母就要尊重孩子、帮助孩子，扶持孩子的兴趣。这样，孩子才能遵从内心的呼唤与指引，做自己该做的事情，从中得到幸福、快乐与成长的满足。

给孩子自由的成长氛围

一直以来，妈妈都很羡慕别人会演奏钢琴，在紫玉六岁的时

第 4 章
给孩子独立的空间，让孩子拥有自己的意见

候，她专门买了钢琴，请了家庭教师，教授紫玉弹琴。一开始，紫玉听到琴键发出悦耳的声音，觉得很有趣，学起来也兴致盎然。然而，随着开始认识五线谱，紫玉越来越感到学习钢琴是很枯燥乏味的，常常想要偷懒，央求妈妈允许她不练琴。渐渐地，练琴不再是紫玉喜欢的事情，而变成了她与妈妈之间的一场拉锯战。紫玉越来越排斥练琴，而妈妈越来越坚持。

每天晚上，紫玉都要演奏一个小时。到了固定的时间，她还略显稚嫩的琴声便响起了，琴声里带着<u>一丝丝无奈</u>。紫玉常常听着窗外小伙伴们无忧无虑嬉笑打闹的声音，手底下不知不觉间就演奏出错，因此常被妈妈批评一通。渐渐地，紫玉越来越沉默，原本乐观开朗的性格变得内向，后来居然被诊断为轻度抑郁症。妈妈不再逼着紫玉练琴，而是允许紫玉每天傍晚都出去玩耍一个小时。很快，那个快乐的紫玉又回来了，给家里带来了很多的欢声笑语。

很多父母都希望孩子长大之后能有才艺，因此会安排孩子学习钢琴、声乐、舞蹈等，并且督促甚至强迫孩子去练习。然而，孩子的成长有自身的规律，任何时候，父母都不能打破这规律对孩子揠苗助长，否则只会事与愿违。对于孩子的约束和管教就像是流沙，抓握得越紧，沙子流逝得越快，若摊开掌心，反而可以留下一些沙子。爱就是如此。在如今的社会背景之下，太多的父母对于孩子管教严格，导致孩子没有任何的自由时间可以支配，也没有任何的自由空间可以成长。

067

真正明智的父母会知道，对于孩子该严格管教的时候就要严格管教，该放手的时候就要放手。父母一定要发自内心尊重孩子，要从孩子的立场出发，给予孩子更多的时间和空间去自由成长和发展。孩子只有对于人生有更大的把握权，才能激发自身的创新性，从而让自己成长，做出独特的成就。反之，从小事事都被父母包办的孩子，习惯了处处受到限制和禁锢，因此做事时总是束手束脚，很难有所成就。

当然，这并不意味着父母对孩子要放任自流，不管不顾。首先，父母要引导孩子树立梦想，确定人生的伟大志向和明确方向。这样，孩子在努力的过程中才能有的放矢。如果孩子在人生之中漫无目的，东一榔头西一棒槌，则根本不可能把力气用到刀刃上，也无法有所成就。需要注意的是，这里所说的是引导，而不是控制孩子，引导和控制是有显著区别的，父母在对待孩子的时候也要进行区分。

其次，孩子学习虽然时常需要父母督促，但是归根结底，学习是孩子自己的事情，孩子有权利作出选择和合理安排。如今，几乎所有的父母都陷入教育焦虑状态，他们总是不停地唠叨孩子一定要努力奋进，要考出好成绩，而忽略了孩子的身心发展规律。有些父母甚至每天晚上都会坐在孩子面前，看着孩子写作业，不得不说，这样陪伴孩子写作业的行为是不值得提倡的。长此以往，孩子就会形成依赖性，在没有父母看着写作业的情况下，他们就会对自己放任自流，反而导致学习上缺乏

第4章
给孩子独立的空间,让孩子拥有自己的意见

主动性。为此,明智的父母会督促孩子学习,却不会为孩子安排学习。他们会引导孩子对于学习进行合理计划和安排,并让孩子凭着主动性去做好每一件事情,而不会在孩子成长的过程中对孩子有太多的干涉。

再次,所谓物以类聚,人以群分,父母们深知交友对于孩子的重要影响,也知道近朱者赤,近墨者黑。为此,看到孩子与学习成绩不好的孩子交朋友时,父母就会很紧张,甚至对于孩子的交友横加干涉,要求孩子必须和那些学习非常优秀且出类拔萃的孩子交朋友。不得不说,孩子交朋友并非以成绩作为唯一的准则,更重要的是,他们会选择那些与自己志趣相投的,或是志同道合的孩子一起玩耍。总而言之,孩子有自己的交友原则和择友标准,父母千万不要干涉孩子交朋友,否则就会导致孩子内心非常压抑,心理健康也因此受到很大的负面影响。

最后,要给孩子休息和娱乐的自由。每当到了要大考的时候,父母们往往显得比孩子还紧张。其实,父母的紧张要不得,更不要因为紧张就要求孩子一定要全力以赴,争分夺秒,废寝忘食。归根结底,对于孩子们而言,成长的内容不仅学习这一项,他们还需要玩耍,和同龄人在一起放飞自我,也需要充分的休息,获得一定的娱乐时间。劳逸结合,张弛有度,对于孩子而言显得尤其重要。毕竟孩子的心智发育不够完善,而且精力是有限的。所以,父母千万不要本末倒置,为了让孩子学习,就剥夺孩子休息和娱乐的时间,为了让孩子学习,就始

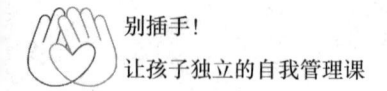

终对孩子采取高压政策。细心的父母会发现，只有保证孩子充分休息，让孩子恢复良好的学习状态，孩子才会拥有更好的学习状态，才会获得充实快乐的成长。

第5章

激发孩子进取心,培养孩子自强不息的精神

孩子的成长归根结底需要来自于内部的源源不断的动力,所以父母除了要给予孩子更多的支持和帮助之外,还要坚持激励孩子,激发孩子的进取心,唯有如此,才能培养孩子自强不息的精神,才能让孩子在生命的历程中获得更伟大的成就,创造更多的奇迹。

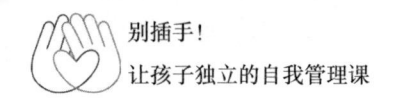

帮助孩子确立梦想

　　美国前总统克林顿在童年时期就遭遇了生命的沉重打击。当他还是个胎儿的时候，父亲就因为一场突如其来的车祸失去了生命，年轻的母亲没有办法独自抚养克林顿，就委托自己的父母照顾他。克林顿从小和外公、舅舅一起生活，从他们身上学到了很多男性的优秀品质和做人的道理。七岁那年，克林顿的母亲改嫁，并把克林顿接到身边一起生活，没想到继父是个酒鬼，一旦喝醉了酒，就会打骂母亲和克林顿。克林顿从小就寄人篱下，因为继父的虐待，他的内心更加痛苦。即便如此，他还是尽量察言观色，以讨得别人的喜欢。

　　中学时代，克林顿在学校里表现非常好，后来有机会去华盛顿参观白宫，至此，他心中对于什么是真正的政治有了初步的认识。和当时的总统肯尼迪一起合影，更是让他树立了伟大的梦想，那就是以肯尼迪作为自己的人生偶像，争取成为一个像肯尼迪那样的人。在此之前，克林顿曾经梦想成为教师、牧师、记者，在此之后，克林顿只想成为和肯尼迪一样优秀的总统。树立了这个伟大的目标之后，克林顿在此后三十年的时间里一直在为了成为政治家而作准备，最终一步一个脚印抵达了人生的巅峰，成功当选美国总统，实现了人生之中最伟大的梦想。

对于每个人而言，人生都需要有梦想作为指引。只有在梦想的指引下，人生才能找到方向，才能在遭遇坎坷挫折的时候，始终充满信心和力量勇往直前。否则，人生就会陷入各种各样的困厄状态，就像是在漫无边际的大海上四处乱撞，最终必然不知所踪。对于人生而言，时间是非常宝贵的，没有人可以肆意挥霍青春，更没有人可以在懵懂度过一生后依然有成就。为此，父母要引导孩子树立梦想，确立人生的方向。

很多孩子误以为，人生的理想、梦想都只是说说而已。其实不然。理想、梦想究竟能否对人生起到积极的推动作用，并不取决于理想和梦想本身，而是取决于孩子们对于理想和梦想的坚持。理想、梦想之所以被荒废，是因为人们对于理想和梦想不以为然，而只要孩子们足够坚持，能够在梦想树立之后坚定不移朝着目标奋进，他们就一定能够获得更好的成长和发展。当孩子兴致勃勃地说出自己的理想或者梦想时，作为父母，不能肆意评价，更不要打击孩子。很多父母在听到孩子的理想不够远大之后，总是训斥孩子没出息，也有的父母在听到孩子的梦想过于远大之后，又觉得孩子是在痴人说梦。父母的信任与支持，是孩子们实现理想和梦想的重要动力。

当然，对于年幼的孩子而言，他们的心智发育还不够成熟，人生经验也很匮乏。因此，父母无须过分把孩子的理想当真，只要对孩子表示认可和支持即可。随着不断地成长，孩子

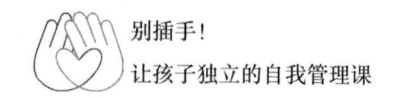

的梦想也会发生改变，最终他们会在父母的正确引导下找到人生目标和方向。作为父母，我们千万不要以世俗的眼光看待孩子的成长，也不要觉得孩子的想法是很糟糕且不切实际的。成人有成人的思考方式，孩子有孩子的思维特点，父母要本着尊重孩子的原则，给予孩子最有力的帮助和最坚定不移的支持，而不要总是批评和否定孩子。

当年，莱特兄弟和身为牧羊人的父亲说自己也要像鸟儿一样飞到天上去，父亲没有打击他们，而是告诉他们只要坚持去做就一定能实现梦想，保护了莱特兄弟的飞天梦。后来，莱特兄弟真的实现了飞天梦。台湾大名鼎鼎的作家林清玄在和父亲一起去地里干活的时候，说起自己未来想要坐在家里就能挣钱，还要去看埃及金字塔，作为农民的父亲被自身的认知所局限，认为根本不可能坐在家里就能挣钱，但是林清玄凭着努力成了作家，真正实现了自己的梦想，而且真正见到了金字塔。由此可见，就算是看起来荒诞不羁的梦想，有朝一日也能够实现，最重要的是要始终坚定不移，勇往直前，且要始终排除万难，不离不弃。为此，父母对于孩子的梦想，最应有的态度就是支持和鼓励，就是引导和赞许。只有得到父母的力量，孩子们才会更加坚定不移地去实现梦想，直至有朝一日梦想成真。

引导孩子设定人生目标

一个人如果把目标设定得过于远大，就会导致不管如何努力都无法实现目标，由此使得自己内心感到颓废沮丧，不知道怎么做才能获得信心。反之，一个人如果把目标设定得过小，则轻而易举就实现了目标，那么就无法形成挑战性，也无法激发自身无限的潜能。由此可见，目标制订得过于远大或者过小，都是不可行的，唯有恰到好处的目标才能激励孩子们不断努力，也唯有恰到好处的目标，才能让孩子不断地突破和超越自我，获得更长足的进步和发展。

人们常说，心有多大，舞台就有多大。也有人说，思想有多远，人生就能走多远。的确如此，一个人拥有怎样的人生目标，往往决定了他的未来。人生目标会潜移默化影响一个人的生活，重新塑造一个人的生命，甚至会在很大程度上决定一个人的命运。在目标的指引下，人们坚持努力奋斗；在目标的激励下，人们对于自己的未来有更好的设想，也做到更好地呈现。假如一个人对于未来没有更好的设想和规划，他在生命历程中就会浑浑噩噩；反之，假如一个人对于未来始终都充满希望和信心，那么他的人生也会精彩纷呈，变得更加充实和精彩。

人生目标不但反映了一个人对于生活最终的目的，也反映出一个人内心的状态。很多人误以为所谓目标就是确定一个目的地。其实不然，目标可以反映我们在生活中很多综合的素质与思想，也可以反映出我们对于人生的期待和渴望。面对人生，每个人都应该有自己的目标。目标既有长期目标，也有中期目标和短期目标。长期目标往往需要拼尽一生才能实现，为此，只有长期目标是不够的。为了及时对自己起到激励的作用，我们还要对长期目标进行划分，将其分为中期目标和短期目标，从而在人生的每一个阶段。都有相应的目标指引自己的行为举止，并将其作为人生的标杆去面对。

当然，只是制订目标，对于实现人生的目标并不能起到完全的作用，最根本的在于，还要为了实现目标而不懈努力，把目标付诸行动。正如人们常说的，行动是通往成功的第一步，任何时候，只有空想都远远不够，我们必须把伟大的想法变成现实，才能让各种想法具备现实的意义和价值。作为父母，我们除了要引导孩子树立合理的人生目标之外，还要督促和激励孩子不断走向成功，持续努力进取。在孩子遭遇坎坷挫折的时候，我们要始终激励孩子不断进步。

人生不如意十有八九，在实现目标的过程中，孩子们难免会遇到各种坎坷挫折。每当这时，父母要想方设法激励孩子，而不要总是对于孩子的成长怀有过高的期望，甚至提出苛刻的要求。尤其是当孩子犯错或遭遇失败的时候，父母要做的不是否定和批评孩子，而是激励孩子，给予孩子更多的支持和帮助，给予孩子更多的成长力量。

第 5 章
激发孩子进取心，培养孩子自强不息的精神

在这个世界上，并没有一蹴而就的成功，也没有天上掉馅饼的好事情。父母要告诉孩子这个道理，帮助孩子把心态放平稳，从而脚踏实地、一步一个脚印奔向成功。只有父母的心平静，孩子才能踏踏实实走好人生的每一步；如果父母急功近利，总是想一步登天，孩子也会变得很浮躁和无奈，更有可能在成长的道路上迷失方向。人人都想获得成功，人人都想实现梦想，然而，通往梦想的道路常常布满荆棘，常常充满挫折与磨难。只有真正的强者才能走过荆棘与坎坷，才能持之以恒，最终到达人生的目的地。

激发孩子的求知欲望

爱迪生是电灯之父，他发明了电灯，为人类带来了光明。在很多人心目中，爱迪生一定是非常聪明的。实际上，爱迪生从小就是一个充满好奇心的孩子，有着旺盛的求知欲，但是，他因为常常提出一些稀奇古怪的问题，被老师所嫌弃。老师觉得爱迪生很奇怪，才会问出那些无厘头的问题，也觉得爱迪生是个糊涂虫，因而对爱迪生不以为然。然而，妈妈认识到爱迪生是与众不同的，也常常抓住爱迪生与众不同的地方，对爱迪生加以引导和帮助。

每当爱迪生提出那些稀奇古怪的问题时，妈妈从不厌烦，而是想方设法为爱迪生找来相关的书籍，让爱迪生认真阅读。后来，即使爱迪生被学校勒令退学，妈妈也没有责怪他，而是亲自承担起教育爱迪生的重任，带着爱迪生在知识的海洋里遨游。因为爱迪生热衷于科学实验，所以，妈妈不顾家庭生活拮据，总是想方设法给爱迪生提供研究经费。不管爱迪生遭遇怎样的失败，妈妈都始终坚定不移地站在爱迪生的身后，支持爱迪生。正是因为有妈妈作为坚强的后盾，因为得到了妈妈的全力支持和帮助，爱迪生才能在科学研究的道路上越走越远，才能最终成为科学领域的巨人，为推动整个人类精神文明的发展和科学进步做出杰出的贡献。

很多父母都因孩子不爱学习而烦恼，却不知道孩子的求知欲需要激发，才能变得更加旺盛。如果孩子对于知识不感兴趣，哪怕上最好的学校，有最好的老师，他也无法在知识的海洋里如饥似渴地畅游。古往今来，无数伟大的成功者，都是因为有强烈的上进心，才能在追求成功的道路上排除万难，获得最终的成功。而如果没有上进心和求知欲作为支撑，爱迪生不可能尝试一千多种材料、进行七千多次实验，最终成功发明电灯，更不可能在一生之中发明那么多东西，成为伟大的发明大王。明智的父母深知授人以鱼不如授人以渔的道理，深知激发孩子的求知欲比教给孩子们一点点的知识更加重要。

具体而言，如何激发孩子的求知欲呢？首先，父母要引导孩子树立远大的人生目标。只有确立了目标，孩子们努力奋进

才有方向，如果没有目标的指引，很容易犯南辕北辙的错误。在真正确立人生目标、确定人生方向之后，孩子才能坚持进步，才能在成长的道路上不断进取。

从心理学的角度来讲，孩子学习有内部动机和外部动机。顾名思义，所谓外部动机，就是来自于外部的力量，这样的激励作用是短暂的，往往不会收到良好的效果。而所谓内部动机，就是来自内部的力量，这种内部力量才能为孩子的成长提供源源不断的动力，让孩子在成长过程中有更好的表现。激发孩子的求知欲和上进心，就是激发孩子的内部动机，让孩子拥有来自内部的强大而又持久的力量。在这里尤其需要注意的是，很多父母为了激励孩子学习，常常承诺给予孩子各种各样的物质奖励。的确，适度的物质奖励可以起到激励的作用，但是，如果过于频繁地使用物质奖励，则会导致孩子过分依赖物质奖励，失去学习的积极性和主动性。为此，父母不要过多地以物质奖励孩子，而应想方设法激发孩子的内部动机，这样孩子才会更加积极主动地坚持学习。

很多父母在辅导孩子完成作业的时候，每当孩子遇到不会的题目向父母求教时，父母往往会直接告诉孩子答案，再把题目讲解给孩子听。其实，这样的做法是错误的。正确的做法是先引导孩子思考，在孩子的思路受到阻碍的时候，再给予孩子适度引导，这样，孩子才能突破思维的"瓶颈"，才能让自己的思考获得突破和成果。如此循序渐进，孩子就能够获得进步

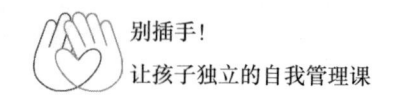

和成长。当然,这远远比直接告诉孩子答案要花费更多的时间和精力,然而,父母不要害怕费事,而要选择对孩子的成长更有效的方式努力去做。相信明智的父母对此一定会有正确的权衡和考量。

父母要想真正激发孩子学习的动力,就一定要有的放矢地激发孩子的欲望,这样孩子才会真正产生学习的动力和热情,才能得到更快速的成长和进步。任何时候,孩子的成长都离不开知识作为基础,只有以学习奠定人生的坚实基础,孩子在未来才会有更好的成长和表现。

培养孩子的荣誉感,激励孩子上进

李娜是个很安于现状的孩子,对于每次考试之后在班级里进行的成绩排名从来不放在心上。她总是认为自己不管排名多少都无所谓,为此觉得自己可以排名靠前一些,也可以排名靠后一些,总而言之,根本无关紧要。虽然妈妈也觉得不能以名次来给孩子限定位置,但是看到李娜这种对于排名无所谓的态度,妈妈还是觉得很着急。

有一次,李娜要代表班级参加作文比赛。妈妈问李娜:"娜娜,你准备得怎么样了?"李娜漫不经心地说:"和平时一样去写作文,不就好了么!怎么作准备?"妈妈对于李娜的态度很不满意,对李娜说:"李娜,这次你的名次不仅关系到自己,还关系到班级的荣誉。妈妈认为,你可以不把名次看得特别重要,但是要把班级的荣誉放在第一位。一定要尽力而为,这样才能尽量为班级争取到好名次,你认为呢?如果尽力了,而没有取得好名次,那是无怨无悔的。如果没有拼尽全力,心里肯定会留下遗憾。想想吧,你如果能够获得好名次,老师在说起你的时候都会非常骄傲,说'李娜是我们班级里的同学,特别优秀',那该是多么伟大的荣誉啊!"妈妈的一番话让李娜也忍不住激动起来,想象着妈妈所说的一切都变成现实,她不禁更加憧憬。在妈妈的不断激励下,李娜认真准备作文比赛,最后获得了第三名的好成绩。这次获得的荣誉,让李娜变得更加上进,渐渐地,她开始看重荣誉,在学习和各种比赛中所表现出来的上进心也更加强烈。

父母要想激励孩子拼尽全力,就要激发孩子的荣誉感。对于孩子而言,固然不能把名次看得特别重要,但也不能把名次看得丝毫不重要。适度看重荣誉,能够让孩子从漫不经心的状态转化为拼尽全力,为了让自己无怨无悔而奠定基础。父母也要在孩子获得小小的成就之后慷慨地认可和赞赏孩子,唯有如此,孩子才能获得强烈的荣誉感,才会为了赢得荣誉而不懈努力和坚持。

当然,要想让孩子形成荣誉感,父母还需要费一番心思。很多孩子从小就生活在衣来伸手、饭来张口的优渥环境中,

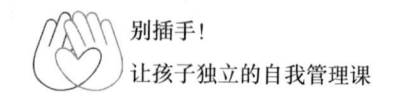

从来不会为了生计而发愁，为此对于人生没有深刻的理解和感悟，总觉得自己理所当然应该拥有一切。这样的心态使得他们不愿意努力去争取什么，对于父母想方设法为他们努力付出的一切也丝毫不觉得感恩。为此，他们在生活中会呈现出消极懈怠的表现。对此，首先，父母一定要帮助孩子树立人生的目标，引导孩子坚持不懈努力奋斗。其次，父母要保护孩子的自尊心，不要总是肆无忌惮地以恶言恶语伤害孩子，也不要总是给予孩子沉重的打击，导致孩子破罐子破摔，自暴自弃。只有保全孩子的自尊心，让孩子知道荣誉是很重要的，孩子才会为了争得荣誉、爱惜名誉付出更多的努力。

当然，为了避免孩子过度骄傲，扬扬得意，父母还要适时提醒孩子有哪些缺点和不足需要弥补，这样一来，孩子就能在扬长避短、取长补短的基础上，会获得更加长足的进步和发展。同时，父母要以一分为二的眼光看待孩子，既不要让孩子因为优点扬扬自得，也不要让孩子因为缺点妄自菲薄。每个人只有正确地认知自己，才能更好地成长和发展，孩子也是如此。在孩子实现小小的目标之后，父母更要乘胜追击，给孩子提出更远大的目标，这样才能激励孩子持续进取，坚持进步。

凡事皆有度，过度犹不及。作为父母，我们既要培养孩子的荣誉感，也要避免孩子因为过度重视荣誉而迷失，或者做出过分的事情来。只有正确且适度地引导孩子，让孩子适度追求荣誉，孩子才能形成正确的人生观和价值观，才能在荣誉感的激励作用下不断努力成长，坚持进步。

让孩子真正热爱学习

1847年春天，贝尔出生了。他的祖父和父亲都是语言学家，在这样的家庭氛围熏陶下，小小年纪的贝尔也对语言表现出浓郁的兴趣。他不仅对人的语言感兴趣，还很喜欢听各种小动物的叫声，为此他常常会在书包里装一些小动物，以便随时都能听到它们的叫声。贝尔很幸运，他有一个了解他的祖父。祖父根据贝尔的天赋和性格特点因材施教，把贝尔培养成了品学兼优的学生。正是在祖父的启迪和引导下，贝尔既能把普通功课学好，也能保持对于知识的渴求，还可以发挥自身的天赋，做喜欢的事情。

后来，贝尔回到父亲的身边，对于发明创造产生了浓郁的兴趣。每当看到身边有东西不够科学的时候，贝尔就会进行一番思考和改良，后来贝尔无意间发现电流能发出声音，他由此想到，如果能让电波变成人的声音，人就可以通过电流进行交谈。为此，贝尔请教了电磁学专家亨利先生，并且在亨利先生的建议下开始潜心学习此前一窍不通的电磁学。作好知识的储备之后，贝尔和沃特森创作出两台机器，尝试着利用这两台机

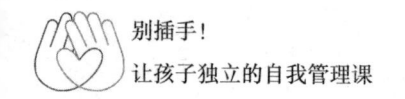

器进行通话。遗憾的是，他们失败了。后来，贝尔受到吉他的启发，意识到他们的机器需要音箱提升灵敏度，为此对机器进行改良，最终获得了成功。正是因为贝尔的这个发明，人们才能够实现远距离通话，从此，电话成为人们生活的必备用品。

是祖父的因材施教，保护了贝尔对于知识的渴求，保护了贝尔对于创新的热情。其实，每个孩子在看待外部世界的时候，都会充满新鲜和好奇，作为父母，我们一定要保护好孩子的好奇心，也要激发孩子的求知欲。唯有如此，孩子才能始终对这个世界充满好奇，才能对人生的奇迹坚持不懈地去探索、创造。

在学校里，孩子虽然可以接受系统的教育，但是对于孩子来说，真正的学习是在学校之外开展和进行的。孩子在学校里只是接受知识的启迪，在老师的指引下看到知识的冰山一角，而老师最重要的目的不是对孩子进行填鸭式教学，而是激发孩子的求知欲，从而让孩子真正爱上学习。这样，孩子才能在课堂以外的时间主动学习，才能在不断成长的过程中汲取更多的知识和经验，获得长足的进步和发展。当孩子真正爱上学习后，就没有人能够阻挡他们前进的脚步，阻止他们开展学习活动。古今中外，很多伟大的人之所以能够取得了不起的成就，并不是因为他们在学校里接受了多么系统的教育、进行了多么持久的学习，相反，他们之中有很多人出于各种各样的原因而终止学业，但是这并不能够阻止他们在学习的道路上收获

第 5 章
激发孩子进取心，培养孩子自强不息的精神

丰满，有所建树。例如，伟大的数学家华罗庚，小小年纪就因为家庭穷困而辍学，帮助父亲看守杂货店，但是他总是利用零碎的时间争分夺秒地学习，所以才能在数学领域作出杰出的贡献。由此可见，是否能够在学校里接受系统的教育和学习，并非孩子成人成才的关键，最重要的在于孩子要始终对于学习怀有强烈的兴趣和愿望，真正爱上学习。

每个孩子对于这个世界都充满强烈的好奇心，父母不要总是打击孩子的好奇心，尤其是当孩子喋喋不休地进行各种提问的时候，父母更不要觉得不耐烦。明智的父母知道提问正是孩子充满求知欲的表现，为此他们会慎重对待孩子的提问，也会想方设法满足孩子对于知识的渴求。只有激发孩子的求知欲，只有激励孩子不断通过各种方式学习新知识，孩子才能在知识的陪伴下不断成长，才能在知识的充实中获得成功。

让孩子自己去找灵感

两千多年前，国王命令工匠打造一顶金冠。在金冠造好之后，国王担心工匠偷工减料，因此想要检验金冠的纯度。在当时，还没有那么多先进的仪器可以使用，为此国王就把这个问题交给了伟大的数学家阿基米德。阿基米德意识到，要想检测出金冠的纯度，就要知道金冠的重量和体积，从而测算出金冠

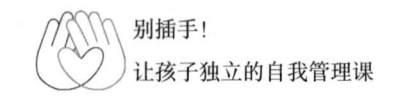

的密度是否是黄金的密度。测量金冠的重量很容易，只需要把金冠称一称就可以得到，但如何才能测量尺金冠的体积呢？要知道，金冠是很复杂的不规则几何形，在当时的条件下还无法做到准确测量，但是要测量金冠的密度就必须知道金冠的准确体积，否则就会导致结果不够准确。这个问题可把阿基米德难住了，在很长的时间内他一直在苦思冥想，始终没有答案。

有一天，阿基米德去洗澡。在进入放满水的浴缸里时，他发现鱼缸里的水马上溢出，脑海中顿时灵光一闪，想道："溢出的水就是我的体积，那么我不是也可以把金冠放在水里吗？"阿基米德兴奋不已，来不及穿衣服就飞奔回实验室。最终，成功测量出金冠的体积，并测算出金冠的密度和纯金的密度一样。

对于一个难以解开的难题，阿基米德始终都在苦思冥想，终于在洗澡的时候得到灵感，得以解决问题。当年，牛顿因为一个熟透了的苹果从树上掉下来，砸到脑袋上，最终提出了万有引力。其实，古今中外，很多名人发现很多伟大的定律，都是因为偶然的灵感。但是，灵感看似偶然得到，实际上并不是真的偶然得到的。阿基米德如果不是一直在思考如何测量金冠的体积，就不会因为洗澡得到灵感；牛顿如果不是因为一直在思考万有引力定律，就不会因为苹果砸在脑袋上而茅塞顿开。由此可见，看似偶然得到的灵感实际上建立在深入的思考之上，为此也可以说灵感是一种神奇的创造力，虽然是突然发生的，却不是凭空而降的。一个人进行的思考越多，一个人的积

第 5 章
激发孩子进取心，培养孩子自强不息的精神

累越多，一个人的尝试越多，获得灵感的概率也就越大。

现实生活中，很多父母误以为灵感是很高大上的，为此很少把孩子的学习和灵感联系在一起，他们认为灵感只属于伟大的科学家、艺术家和作家。其实不然。孩子的学习也可以产生灵感，如果孩子能够让学习与灵感相互碰撞，那么，他们即便是在日常的生活中，也可以拥有灵感的火花，也可获得长足的进步。

当然，孩子还小，不可能像伟大的科学家、艺术家或作家一样因为灵感乍现就取得伟大的成就，但是，在不断获得小小灵感的过程中，他们还是可以持续成长，也能够激发自己的思维灵活性，变得更加勤思好问。为此，父母在日常生活中，也要引导孩子激发灵感，让孩子从寻常的生活中，获得更多的动力，并更加深入学习，发现学习的乐趣。

很多孩子养成了依赖父母的坏习惯，不管做什么事情都要征求父母的同意，在学习上遇到任何不会做的难题都会寻求父母帮助。这样懒于思考的孩子，是不可能得到灵感光顾的。作为父母，我们不要为了省事就直接告诉孩子答案，而要引导孩子养成独立思考的好习惯，这样孩子才能更加勤于思考，才会把思维的深度加深，更容易得到灵感的青睐。

除了要激励孩子勤于思考之外，父母还要引导孩子形成发散性思维，让孩子在思考问题的时候不再仅仅从固有的角度出发考虑问题，而是能够采取更多的视角看待问题，从更多的角度来解决问题。这样的发散性思维，有助于孩子在成长过程中

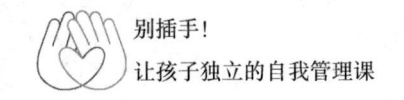

不断地努力进取，也有助于孩子的思维变得更加灵活。当然，灵感的产生离不开深厚的知识基础，一个内心空空的孩子不会得到灵感的青睐。孩子们要想获得灵感，就要积极地积累知识。只有拥有深厚的知识基础，形成错综复杂的知识网络，孩子们的灵感才会一触即发。

当然，灵感恰如机会，来无影去无踪。现实生活中，有很多人抱怨自己不曾得到机会的青睐，也有很多人抱怨自己从来没有灵感。灵感到来之前从来不会发预告，它总是神出鬼没，让人难以捉摸。为此，孩子们既要作好等待灵感到来的准备，也要在灵感到来的时候眼疾手快、抓住它。这样一来，孩子们就不会错过灵感，也会因为拥有灵感而获得更大的进步。

看到这里，也许有些父母会打定主意要督促孩子把每一分每一秒的时间都用于等待灵感到来，创造灵感，抓住灵感。不得不说，这又进入了误区。灵感的获得固然需要随时随地都作好准备，也需要坚实的知识基础和密不透风的知识网络作为前提，但是更多的灵感不是在疲惫状态下绞尽脑汁后得到的，而是在放松的状态下妙手偶得。因此，父母引导和督促孩子学习时，要给孩子合理的休息和娱乐时间，让孩子张弛有度，这样才能最大限度激发孩子思维的活跃程度，让孩子更容易捕获灵感。此外，孩子在学习的过程中也无须盲目追求学习形式上的勤奋和辛苦，而应更加讲究方式方法，这样才能提升学习的效率，让学习事半功倍。

第 6 章

克服困难的勇气,是孩子不可缺少的性格优势

一个人一定要有勇气,才能战胜人生中随时都可能发生的危险。如果总是在面对人生的时候畏缩怯懦,就会习惯性逃避。父母在抚养孩子的过程中,要激励孩子坚强地克服困难,培养孩子性格上的优势,这样,孩子在面对人生的时候才会更加勇敢无畏,才有可能成为真正的人生强者。

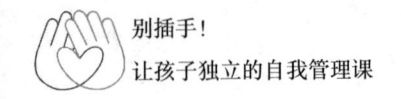

鼓励孩子克服困难

在教养孩子的过程中，尽管父母希望孩子未来会成为一个独立坚强的人，实际上，在真正面对孩子的时候，绝大多数父母都希望孩子能够听话，最好言听计从。所谓的勇气，当被不谙世事的孩子发挥出来时，就会变成莽撞，就会成为让父母苦恼的源头。为此，很多父母嘴上鼓励着孩子要勇敢，真正对孩子开展的教育却是希望孩子胆小一些、怯懦一些，最好是不要给父母闯祸，也不要因为初生牛犊不怕虎而伤害自己。殊不知，正是在父母这样的心态之下，孩子们才会变得更加束手束脚，无法做到真正放开手脚去拼搏。

曾经有一位教育专家展开调研活动，发现大多数父母都希望孩子聪明、有智慧，因为在大多数人看来，这两项优秀的品质都与孩子能否取得良好的成绩密切相关。只有极少数父母希望孩子坚毅勇敢，有独立的个性。不得不说，部分父母的眼光实在有些短浅，只想要尽快看到孩子的进步，而不去想一想，如果一个孩子没有勇敢的个性，面对困难只会畏缩，无法做到迎难而上，还何谈成功呢？孔子作为儒家学说的创始人，虽然主张仁义礼孝，但是从未忽略过勇气对于人生的重要作用。孔子说，勇者不惧，仁者无敌，就是因为他很清楚一个人要想获

第 6 章
克服困难的勇气，是孩子不可缺少的性格优势

得真正的成功，就要非常有胆识、有魄力，就要有在人生中披荆斩棘的勇气和毅力。若一个人总是胆怯畏缩、安于现状，而无法在成长过程中勇敢冒险，那么他只能过着现有的生活，而无法开拓出人生的崭新天地。

对于任何人而言，勇气都是开天辟地的斧头，都是缔造人生奇迹的原始力量。一个人在决定做一件事情的时候，就要以勇气作为敲门砖，就要以勇气作为进步和成长的阶梯，如此，才能不断地努力前行，才能无所畏惧地勇往直前。

很多人都发现自己在人生中面对的一切并不像想象中那么可怕，只要不被这些虚掩着的事物吓倒，总是能够不断地成长和努力进步。如果被幻想中的困难吓得不能进步，人生就会陷入莫名其妙的焦虑状态无法自拔。任何时候，唯有不断地努力进取，坚持不懈地向前，人生才能不断地成长，持续进步。就让我们以勇气打破人生虚张声势的盔甲，从而在人生中乘风破浪、披荆斩棘吧！

当然，孩子的勇气并非与生俱来的，要想让孩子在面对人生诸事的时候始终都能够勇敢无畏，父母要做到以下几点。

首先，避免过度保护孩子。如今，很多家庭里都由奶奶、姥姥或者妈妈负责照顾孩子。女性相对心细，也总是害怕孩子受到伤害，为此，在照顾孩子的过程中，这个也不让孩子做，那个也不允许孩子做，渐渐地，她们就会把孩子限制得很死，导致孩子在成长的过程中束手束脚，以致养成畏缩胆怯的坏习

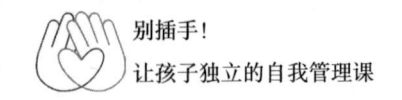

惯。实际上，孩子随着不断地成长，各方面的能力都得以增强，父母要怀着与时俱进的眼光看待孩子，相信孩子的能力越来越强，也相信孩子已经可以把很多力所能及的事情做好，及时培养和锻炼孩子的能力，而不要总是束缚和禁锢孩子的成长与发展。只有从生活中的点滴小事着手，培养和锻炼孩子，循序渐进地增强孩子的能力，孩子才会得到更好的成长和发展。

其次，父母要多多鼓励孩子，为孩子作好示范。很多父母都在给孩子泄气，而不是给孩子加油。每当看到孩子想要挑战自我的时候，父母会禁止孩子去做，从而帮助孩子避免危险，而不是激励孩子，给予孩子更多的勇气和信心。这样的泄气，会让孩子更加怀疑自己，在迈出成长的脚步时也更加迟疑，如此一来，孩子还如何能够形成勇敢的性格呢？父母是孩子的第一任老师，也是孩子最好的老师，所以，父母要以身作则，为孩子作出勇敢的示范。对于孩子不敢做的事情，父母非但不要限制和禁止孩子，反而要先做好给孩子看，让孩子从父母身上得到勇气和力量，这样孩子才会充满勇气，才能无所畏惧，凡事都做到更好。

再次，父母要引导孩子树立梦想和理想，从而让孩子有勇气面对人生路上的坎坷与挫折。心理学家经过研究证实，大多数人的先天条件其实相差无几，之所以有的人能够获得成功，而有的人总是与失败结缘，就是因为成功者有着坚韧不拔的毅力，能够踩着失败的阶梯不断前进，能够从失败中汲取经验和

教训。而失败者之所以总是与失败纠缠，就是因为他们常常面对失败一蹶不振，再也没有信心和勇气继续努力前进。为此，他们虽然暂时避开了失败，但也彻底与成功失之交臂。他们在面对人生的时候，总是充满了无奈，也根本没有翻身的机会。

最后，父母要为孩子营造充满爱与自由的环境，要真正做到尊重和信任孩子。很多父母总是认为孩子能力有限，什么事情都做不好，因此对孩子寸步不离，总是想要全方位安排和管理孩子。殊不知，孩子不断地成长，自我意识越来越强，对于很多事情也有了自己的看法和主见。父母只有尊重孩子，才能增强孩子的自信心，而如果总是批评和否定孩子，则会导致孩子缺乏自信，失去勇气。为此，父母要营造合适的氛围给孩子成长，也要尊重孩子，对孩子更加信任，这样孩子才能增强自信心和勇气，才能更加无所畏惧地把握人生、主宰命运。

总而言之，孩子的勇气来自父母的尊重和信任，也来自父母一次又一次给予孩子机会去锻炼和成长。明智的父母会给予孩子更大的成长空间，会让孩子在生命的历程中得到更多的机会去成长和进步。

引导孩子战胜害羞的心理

黄桃是个特别胆小的女孩。从她出生起，妈妈就辞掉了

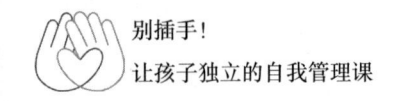

工作，成为了全职太太，因此黄桃从小就被妈妈无微不至地照顾，需求也得到了全方位满足。妈妈特别爱黄桃，总是把黄桃的一切需要都看在眼里，不需要黄桃提出来，妈妈就会主动满足黄桃的需求。在这样的成长环境中，黄桃从来不会表达需求，而是凡事都任由妈妈去安排。

转眼之间，黄桃三岁半了，到了上幼儿园的年纪。在进入幼儿园的一个多月时间里，黄桃几乎天天都会尿裤子，最多的时候，一天尿湿了七次裤子。对于黄桃的表现，妈妈简直无语，妈妈不明白，黄桃从两岁之后就知道自己小便，为何到了学校之后就尿裤子呢？有的夜晚，黄桃在睡梦中还会哭着醒来，似乎受到了惊吓。后来，在班级群里，妈妈听到其他家长反映老师比较凶，有很多孩子都害怕老师，这才想到黄桃这种情况也许是在幼儿园里受到了老师惊吓的所致。后来经过观察，妈妈更是验证了自己的想法。有一天，黄桃一放学就告诉妈妈尿急，妈妈问黄桃："黄桃，你想小便，为何不告诉老师呢？"黄桃小声说："我害怕！"妈妈这才确定，黄桃总是尿裤子，是因为不敢告诉老师她要小便。看着胆怯害羞的黄桃，妈妈意识到要想让老师改变也许很难，最重要的是让黄桃变得大胆起来。接下来的日子里，妈妈双管齐下，告诉老师黄桃很害羞胆小，也努力教导黄桃想要喝水、小便都要及时告诉老师。果然，情况有所好转，黄桃渐渐地不那么害羞了，也因为老师常常关注她而渐渐地喜欢上老师。眼看着天气一天天变冷，解决了黄桃尿裤子的问题，妈妈悬着的心终于放了下来。

孩子在家里，总是能够得到父母和长辈无微不至的照顾，这使得他们在最初进入幼儿园的时候很害怕老师，也因为害羞而不敢说出自己的需求。黄桃妈妈也是经过一番观察才发现问题所在，为此双管齐下，一方面和老师沟通黄桃的问题，另一方面也努力训练黄桃，让她变得更勇敢。也唯有如此，才能在最短时间内有效解决问题。父母当然很了解自家的孩子，但是老师未必能了解班级里的每一个孩子，所以，父母在发现孩子有异常表现之后，及时与老师沟通是很有必要的。此外，为了彻底解决问题，父母还要给孩子勇气，让孩子渐渐地战胜害羞和胆怯，可以勇敢地表达自身的需求。

当然，孩子还小，内心里会有很多恐惧。对此，父母要弄清楚孩子真正害怕和恐惧的是什么，这样才能有的放矢地帮助孩子战胜和消除恐惧。通常情况下，孩子对幼儿园恐惧是因为不了解幼儿园里的生活，对老师恐惧是因为对老师很陌生，对黑暗恐惧是因为担心黑暗中隐藏着不为他们所知的怪物或者莫名事物。孩子不会莫名其妙地恐惧，父母一定要弄清楚孩子恐惧背后的原因，也要锻炼孩子的胆量，帮助孩子战胜害羞和胆怯。

在陪伴孩子成长的过程中，父母还要经常带着孩子接触外部世界，不要因为担心孩子体弱、抵抗力差，就总是把孩子关在家里。其实，孩子的适应能力是很强的，只要父母给孩子机会，孩子就会渐渐地熟悉和适应外部世界，也会更加有的放矢

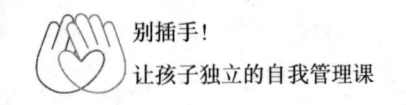

地面对外部世界。当孩子可以做到不卑不亢、落落大方时，父母还有什么可担心的呢？

培养敢想敢做的孩子

周末的时候，爸爸妈妈带着舟舟一起去商场里玩。几个星期没来了，商场里搭建起一个很高的三层架子，叫作"冒险乐园"，给孩子攀爬玩耍。看起来，三层的确很高，因此很多年纪小的孩子只敢在一层玩，只有大一些的孩子才敢去二层或者三层。舟舟看着架子也跃跃欲试，心里痒痒的，既想去爬，又感到有些恐怖。这个时候，爸爸鼓励舟舟："舟舟，去试一试，好不好？"舟舟很迟疑。这个时候，妈妈在一旁说："如果不想爬就算了，这个架子这么高，还是有危险的。"

听到妈妈的话，爸爸当即狠狠地瞪了妈妈一眼，对妈妈说："不要给孩子泄气，要给孩子鼓劲才行。"妈妈嘀咕道："要是遇到危险，后悔就来不及了。"爸爸批评妈妈："你总是危险危险的，孩子能大胆去尝试吗？"说着，爸爸对舟舟说："舟舟，危险是无处不在的。你如果总是这个也不敢做，那个也不敢做，那么未来你就会有很多事情都不敢做。这样一来，你还怎么成长呢？你要更加努力去进步，这样才能获得更大的进步。"在爸爸的鼓励下，舟舟终于下定决心去尝试，爸

第6章
克服困难的勇气，是孩子不可缺少的性格优势

爸由衷地为舟舟竖起了大拇指。

每一个人的成功都不是从想法开始的，在有了想法之后，还要真正努力去做，要真正敢想敢干。遗憾的是，在现实生活中，很多父母自身就不够勇敢，在遇到困难的时候总是犹豫不决、瞻前顾后，最终虽然美其名曰未雨绸缪，实际上却是因杞人忧天，被吓倒了，选择了退缩和止步不前。不得不说，这样的人生根本不可能有进步，更不可能获得长足的发展。作为父母，在意识到自身有这样的思想弊端时，一定要更加努力激励自己，有的放矢地改善自己的缺点，这样才能真正获得进步。

在引导孩子成长的过程中，父母要身先示范，具有勇气，这样才能不断地激励孩子，给予孩子勇气。如果总是因为人生中无处不在的危险感到畏惧，乃至束缚自己，孩子永远也不可能获得成长和进步。正如人们常说的，人生不如意十之八九，任何时候，我们都不能因为人生面临很多未知的危险就故步自封，而要更加努力进取，无所畏惧地向前，这样才能不断地努力进取，获得前进的力量。父母不要成为孩子敢想敢干的绊脚石，而要想方设法培养孩子，令其具备敢想敢干的勇气。唯有如此，孩子才能在成长过程中不断进步，才能在人生的道路上勇往直前。

人生就像是一个运动场，每个人在运动场上都要奋力拼搏，都要努力进取，才能尽量跑在前面。很多父母把孩子照

顾得无微不至，不愿意孩子过早地面对这个残酷的社会，不想让孩子承受竞争的压力。殊不知，每个人只要活在这个世界上就无处可逃，只能勇敢面对。与其让孩子等到长大成人之后才猝不及防地面对这个时代，父母不如在孩子小时候就引导孩子努力尝试，拼尽全力去做，引导孩子敢想敢干，敢于拼搏和进取。这样，孩子才能全力以赴地面对人生，才能无所畏惧地接受人生的挑战，才能冲破人生的困境和艰难。很多事情，当我们真正放开手脚去做时，就会发现一切并非我们想象中那么困难，而是可以战胜和征服的，而且，最终的结果也许会远远出乎我们的预料。

　　从心理学的角度而言，敢于冒险的孩子更加乐观积极。他们在一次又一次突破和超越自我的过程中，变得越来越自信。在人生的道路上，面对艰难坎坷的时候，他们有足够的信心和勇气战胜和超越这一切，因为他们知道自己的力量有多么强大。而那些故步自封的孩子，从来没有机会验证自己的实力，为此他们常常怀疑自己，也根本不知道自己如何才能在成长的道路上努力前进。成功的大门为谁打开？就为那些勇敢无畏的人打开，就为那些努力奋进的人打开，就为那些甘于突破和超越自我的人打开！

第6章
克服困难的勇气，是孩子不可缺少的性格优势

真正的勇敢是做自己

中国台湾大名鼎鼎的漫画家蔡志忠的漫画在全世界发行，得到了很多读者的喜爱。其实，蔡志忠不但是一个成功的漫画大师，对于教育孩子也很有方法。他在教育孩子的时候有一个原则，那就是让孩子做自己。为此，他为孩子提供了非常宽容自由的成长环境，让孩子在爱与包容的环境中发展天性，成为极具个性的人。

有一段时间，蔡志忠开车送女儿去上钢琴课，到了学校门口，女儿却在座位上纹丝不动，愁容满面。得知女儿根本不喜欢学习钢琴，完全是因为妈妈强迫才不得不来上钢琴课，蔡志忠马上带着女儿离开了钢琴学校，并支持女儿学习心爱的笛子。女儿对于爸爸的做法很担心，因为妈妈已经交了昂贵的钢琴学费，但是蔡志忠坚持认为女儿的快乐比钢琴学费更重要。就这样，在蔡志忠的支持下，女儿如愿以偿，开始学习笛子演奏，而且，因为有兴趣，她进步得很快。其实，蔡志忠这么做不仅是为了尊重女儿的兴趣爱好，也是为了培养女儿独立的思维，让女儿拥有主见，坚定不移地做自己。

真正成功的教育，不是让孩子考取多么有名的大学，也不是让孩子获得多么伟大的成就，而是让孩子做成真正的自己。在教育孩子方面，很多父母都陷入了误区，他们或者把孩子作为自己梦想的继承者，坚持要让孩子实现自己没有实现的

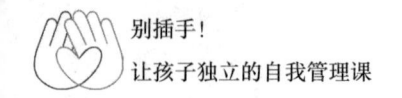

梦想，或者把孩子作为自己人生的复制品，更有一些父母对孩子的人生指手画脚，觉得孩子的成功就是活成父母所期望的样子。实际上，对于任何一个人而言，真正的成功就是活成自己的真实模样——这个世界上无可替代、独一无二的自己。

蔡志忠是一个开明的父亲，他的女儿是幸运的。作为父母，我们要向蔡志忠学习，给予孩子更加辽阔的成长空间，对孩子不强迫不命令，遵从孩子心的选择，给予孩子更多的人生希望和志趣。这样，孩子才能健康快乐。也许他们最终无法获得世人眼中的成功，但是，只要他们能够快乐做自己，对于他们而言，这就是最大的成功。

在现实生活中，偏偏有很多父母都在与孩子较劲，他们不愿意让孩子做自己，而非要像制作盆景那样，用各种条条框框固定和限制孩子的人生，从而使得孩子的人生朝着他们所期望的方向发展。殊不知，这对于孩子来说简直就是一场噩梦。孩子再小，也是独立的生命个体，也许他们要依靠父母照顾才能成长，但是他们并不依附于父母，更不是父母的附属品。明智的父母会引导孩子发现自己的与众不同，也会告诉孩子坚持个性有多么重要。当孩子作出不同的选择时，他们会尊重孩子的选择，也会给予孩子主宰生命的权利。在爱与自由的环境中，在民主与包容的家庭氛围中，要相信孩子会成长为最与众不同、出类拔萃的模样。

第6章
克服困难的勇气，是孩子不可缺少的性格优势

锻炼孩子多做能做的事情

周末，妈妈和爸爸要去看新房。他们征求彤彤的意见："彤彤，你是和我们一起去，还是自己留在家里？"彤彤还有作业没有完成，也想等到爸爸妈妈离开家之后多玩一会儿电脑游戏，因此对爸爸妈妈说："我要自己留在家里。"听到彤彤这么说，妈妈很担心，马上开始唠叨："你能自己留在家里吗？你还是个孩子呢！万一你要用火，着火了怎么办？你记住，一定不要动水、电、燃气，我觉得你还是和我们一起去吧，这样我还放心一点儿。"对于妈妈的唠叨，彤彤不以为然："我不会动危险的东西，况且我可以用电锅煮方便面。"一听到彤彤这么说，妈妈更担心了，在彤彤再三保证不会煮方便面、只吃面包和牛奶之后，妈妈才放心离开。

爸爸妈妈前脚离开，彤彤后脚就开始煮方便面。他最喜欢吃方便面了，但是妈妈平日里根本不给他吃，所以他想吃也没得吃。其实，彤彤趁着妈妈不在家的时候，已经好几次自己煮方便面了，他觉得自己煮的方便面似乎格外好吃呢！傍晚回到家里，妈妈看到彤彤吃完方便面的碗，不由得狠狠训了彤彤一通。彤彤无奈地说："妈妈，我又没有犯错误，也没有闯祸，你凭什么批评我呢！"爸爸也给彤彤帮腔："是啊，孩子长大了，很多事情可以做了，你能不能不要这么大惊小怪的！"

在这个事例中，妈妈显然很缺乏安全感，因此，在离开

101

家之前以及回家之后，她都在不停地对彤彤唠叨。现代社会，有很多孩子都对父母特别依赖，什么事情也不会做，其实这不是孩子的原因导致的，而是父母不愿意放手。很多父母都觉得孩子年纪还小，因此，即便是孩子能做的事情也不让孩子做，渐渐地，孩子就形成了懒惰和依赖的坏习惯，始终衣来伸手、饭来张口。也有的父母觉得孩子做事情总是拖泥带水，有的事情事情非但没有做好，反而闯祸了，为图个利索，也就凡事亲力亲为，而不愿意让孩子插手。还有一些父母则是担心耽误孩子学习的时间，恨不得把每件事情都做好，让孩子把所有时间都用于学习。殊不知，不管出于哪种心态而为孩子代劳一切，对孩子而言都是有害的。日久天长，孩子必然越来越懒惰，什么事情都不会做。而当有一天父母老了，不能凡事都替孩子做好，而孩子却缺乏自理能力，更不能做到独立自强，又该如何是好呢？

明智的父母当然不愿意看到这一幕发生，因此，他们在日常生活中十分注重给孩子机会去锻炼。也许孩子一开始做很多事情的时候都不够熟练，但是随着锻炼的次数越来越多，他们就会把很多事情都努力做好，做事情的能力和水平也在逐渐增强和提升。父母一定要坚持一个原则，那就是，孩子力所能及的事情，一定要让孩子亲自去做。只有从身边点点滴滴的小事情开始做起，孩子才能不断成长，持续进步，才能具备更强的自理能力，变得更加独立和坚强。对于孩子努力去做的事情，

哪怕孩子不能做到很好，父母也要及时认可和鼓励孩子，慷慨地赞赏孩子，只有这样，孩子才能把事情做得更好，才能渐渐地拥有自信。

很多父母看到别人家的孩子什么都会做，总是很眼馋，殊不知别人家的孩子并非天生什么都会做，而是在不断成长的过程中坚持锻炼，才得以增强自己各个方面的能力，才得以将很多事情做得越来越好的。因此，父母要给孩子机会锻炼，越是勤快的父母，越是容易教养出懒惰的孩子；而越是懒惰的父母，则越是能够教养出勤快的孩子，这一点毋庸置疑。此外，当孩子能做的事情越来越多，能做到的事情也做得越来越好时，他们就会变得更加自信，认识到"我真的能行"。这样的想法，会对他们做很多事情都产生积极的影响，也会让他们在不断展开实际行动的过程中得到更多的锻炼和提升，由此进入良性循环。孩子变得越来越独立、越来越强大，这当然是父母最愿意看到的。

让孩子认知人性的丑恶

一直以来，爸爸妈妈都告诉玲玲，和小朋友在一起玩要和谐友好，要学会分享，玲玲也的确是这么做的，她是一个非常友善的小女孩。然而，随着不断地成长，玲玲渐渐长大，接

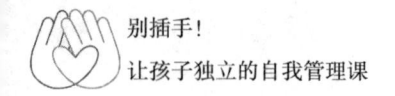

触的人也越来越多。爸爸妈妈这才发现，若只是让玲玲宽容忍让，有的时候会让玲玲受到伤害，且不知道如何保护自己。

有一天，妈妈带着玲玲去麦当劳里用餐，和以往一样，玲玲吃完东西，就去了儿童乐园。当天，儿童乐园里有个孩子很强势，总是拦在滑梯那里不让玲玲通过，玲玲很为难，只能眼睁睁地看着妈妈，而不知道如何处理。妈妈引导她和小朋友好好商量，玲玲对那个孩子讲道理："滑梯是大家的，每个小朋友都可以玩，我要过去。"没想到，那个孩子抬手就给了玲玲一巴掌。玲玲大哭起来，但是那个小朋友的家长并不在附近，也或者是看到自家孩子没吃亏就不管。妈妈安抚玲玲，也轻声说了小朋友几句，让小朋友让开。然而，小朋友还是不愿意让开，并且在玲玲绕道而行之后，来到玲玲身边，又打了玲玲一巴掌。妈妈忍不住喊起来："这是谁家孩子，有人管还是没人管啊！"这个时候，那个孩子的家长不知道从哪里蹦出来，对妈妈说："你喊什么，吓着孩子怎么办！"妈妈气得七窍生烟，带着玲玲离开了滑梯，玲玲一路上都很不开心。妈妈忍不住反思：教孩子一味地忍让真的对吗？这种情况下，也许该让孩子学会如何解决问题！

很多孩子在家里就是小霸王，为此在外面也觉得天老大，他老二，总是霸道横行，根本不会和小伙伴讲道理。遇到这样的孩子，如果父母此前只教孩子宽容忍让，那么孩子无疑会吃亏。其实，正确的做法是告诉孩子学会反击。当然，如何把握好其中的度，也是需要父母用心琢磨的。毕竟孩子还小，对于是非善恶并没有明确的认知。

在成长的过程中，孩子难免会遇到各种不如意的人和事情，为此，很多父母对于孩子都会过度保护，帮助孩子解决很多问题，却忽略了对孩子自己解决问题能力的培养。然而，父母不可能永远守候在孩子身边，随着不断地成长，孩子总要离开父母身边，独自面对社会、面对人生，因此，明智的父母不会让孩子生活在真空里，也不会不分青红皂白就告诉孩子一定要宽容忍让，而是会告诉孩子如何保护自己。

当然，只是简单地告诉孩子以暴制暴，并不能帮助孩子合理解决问题。父母在引导孩子的过程中，要教会孩子区别对待，例如，让孩子学会辨识哪些行为是对方故意为之、哪些行为是对方不小心做出来的，这样，孩子才能区别给予合理对待。这是一个竞争激烈的时代，孩子在社会中有可能遇到各种各样的事情，父母对于孩子的教育和引导也不应该单一，而要顺应形式的发展，更加复杂化、多样化，这样才能让孩子更从容地应付所面对的一切。

第7章

培养有担当的孩子，为自己的选择和行为负责

每一个人都是社会的一员，在社会上生活，就要扮演好自己的角色，肩负起自己的责任。尤其是在选择的过程中，面对自己作出的选择，一定要勇敢承担，而不要畏畏缩缩。很多父母都希望孩子学习好，将来有一份好工作，有一份杰出的成就，有美满的家庭，而这些对于孩子的渴望和憧憬，都要建立在孩子的责任和担当之上。只有教会孩子敢于担当，让孩子懂得为自己的选择和行为负责，孩子才能真正成为顶天立地的人。

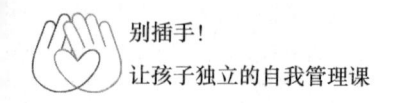

敢于承担责任才是有担当的表现

很多孩子都知道责任的含义，但是他们并不知道如何才是真正的负责，如何才是为自己的言行举止负责，更不知道责任的重要性表现在哪里。因此，他们虽然知道责任为何物，却不知道如何履行责任。从父母教育孩子的角度来说，这样的教育显然是不到位的。父母若是希望孩子在社会中生存下来，为自己赢得一席之地，就一定要告诉孩子责任的真正含义，也要让孩子知道责任不能逃避，只能勇敢面对。只有承担起责任，孩子才能成为顶天立地的人，也只有承担起责任，孩子在未来的人生之中才能有所担当。

不可否认的是，在现实生活中，每个人都有属于自己的责任需要承担。父母要抚养孩子，这是父母不可推卸的责任，为此，父母不应觉得自己养育了孩子就有权利对孩子的人生指手画脚。这是责任和义务，而并不能因此交换来额外的权利。那么，孩子有什么责任呢？其实，孩子之所以对于自己的责任含糊不清，不是因为他们天生就善于逃避责任，而是因为他们压根儿不知道自己的责任是什么。在大多数家庭里，父母和长辈对孩子很呵护，总是无微不至地照顾孩子，总是竭尽所能地满足孩子的一切要求。渐渐地，孩子误以为自己就是家庭的

第 7 章
培养有担当的孩子,为自己的选择和行为负责

中心,就是宇宙的中心,也误以为自己天生就是来接受和享受的,而无须有任何付出,更不需要奋斗。不得不说,这种对于人生的错误理解和观念,必然会毁掉孩子。明智的父母不会给孩子这样的错觉,而是会在家庭生活中让孩子承担一定的责任,从而让孩子切实参与家庭生活。唯有如此,孩子才能渐渐地形成责任感,形成责任意识。

很多孩子知道父母养育自己是责任,却不知道自己在家庭生活中需要扮演怎样的角色,承担怎样的责任,因此,他们往往迷失在人生的道路上,在成长的过程中失之毫厘,谬以千里。其实,孩子一旦走出家庭,走入社会,融入进集体生活,不但对家庭有责任,在集体生活中也扮演着一定的角色,需要承担起相应的责任。为此,父母任重而道远,必须让孩子对于自己的社会角色有准确界定,也必须让孩子明确自己的责任,承担起自己的责任。

很多孩子误以为责任就是要对别人付出。其实不然。从真正的意义上来说,承担责任不但对于别人有着重要的影响,对孩子的成长更是有不可替代的作用。现实生活中,很多父母都因为溺爱孩子而全权代孩子承担责任,结果导致孩子对自己的角色认知不足,也就无法认识到自己肩负的责任有多么重要。举个简单的例子,有的孩子在上学的几年间,从未收拾过书包,因为一直都是父母帮他们收拾,检查他们是否带齐了书本和文具。渐渐地,他们误以为收拾书包是父母的责任,偶尔因为父母的疏忽而遗漏了书本,他们还会责怪父母。这个时候,

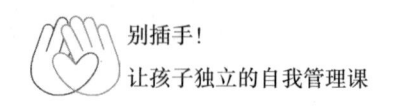

父母当然也觉得委屈，但是这怪不得别人，谁让父母主动承担了孩子的责任呢？

要想让孩子意识到责任的重要性，父母还要让孩子独自承担忽视责任的严重后果。例如，让孩子每天晚上整理完书包再去睡觉，如果孩子没有整理，导致忘记带书本，那么父母无须回家给孩子取了书本送到学校，而应让孩子在一天的时间内都向同学借书用，也要让孩子因为上课不带书本而被老师批评。这样，孩子下次才会长记性。若父母总是给孩子兜底，让孩子避免受到惩罚或者感到为难，则孩子会对于责任看得很轻，说不定接下来还会继续犯这样或者那样的错误。总而言之，父母不要因为心疼孩子就对孩子大包大揽，孩子总要学着长大，而长大最重要的标志就是承担责任。为此，父母要狠下心来，以实际行动告诉孩子什么才是责任、如何承担责任、责任对于人生的影响力有多么强大和重要。相信在经过父母的耳提面命且得到现实的残酷教训之后，孩子对于责任一定会有更加深刻的认知和理解，也会更加看重责任，努力承担起责任。

做好小事，也能培养孩子的责任感

作为一个三年级的孩子，夏敏依然无法做到自己的事情自己做，她总是会把各种事情都推脱给妈妈。放学回到家里，

第7章
培养有担当的孩子,为自己的选择和行为负责

她会要求妈妈给她洗个苹果,削皮切块之后再给她。每次脱掉脏衣服,她不仅把大件衣服给妈妈洗,短裤、袜子、手帕等小玩意儿,她也会要求妈妈帮她洗。有的时候,妈妈抱怨她什么都不会做,她却大言不惭地说:"这些小事情不需要我做,我要做大事。"虽然是个女孩子,夏敏却有男孩子的性格,她最大的梦想是像超人一样,去拯救众生。妈妈语重心长地对夏敏说:"一个人如果不能把小事情做好,是不可能做好大事情的。"夏敏不以为然。

有一次,家里进行大扫除,妈妈安排夏敏擦桌椅板凳。夏敏不以为然:"这个也太简单了!"妈妈说:"先别急着说简单,等到你把桌椅板凳都擦拭一新,让一切无可挑剔再说吧!"夏敏当即拿起板凳开始工作,没想到,擦拭桌椅板凳并没有那么简单容易,在她敷衍了事之后,妈妈轻而易举就发现了死角。原来,夏敏只是把桌椅板凳的表面擦拭干净了。妈妈告诉夏敏:"一个人如果连小事情都做不好,就不要不切实际地梦想着能够做好大事情。古人云,不积跬步无以至千里,不积小流无以成江海,任何做大事的人都是从小事开始做,才能有所成长和进步。"这件事情给了夏敏很大的教训,从此之后,夏敏再也不夸海口了,而是沉下心来,脚踏实地在把该做的事情都一一做好。

做事情时,很多孩子都会犯眼高手低的毛病,他们小事情不屑做,大事情又做不好,结果就把自己耽误了,最终什么事

111

情都做不成。也有一些父母会陷入误区，总觉得孩子还小，不需要急于锻炼孩子，也不需要急于培养孩子承担责任的意识。其实，不管是父母还是孩子，都应该更加踏实，从小事做起。在日常生活中，父母可以根据孩子的能力，让孩子做该做的事情，如洗一些小件的衣服、整理玩具或者书籍、叠放衣服等。这些事情看似不起眼，却能够帮助孩子养成对自己的生活负责的好习惯。此外，父母还可以给孩子讲故事，循序渐进地引导孩子形成责任意识，让孩子真切意识到自己在家庭生活中的责任。要想强化孩子的责任意识，父母还要做到一点，那就是当孩子对于小事情不负责的时候，父母不要给孩子兜底，而要让孩子自己承担忽视责任的后果，还可以给予孩子适度的惩罚，让孩子意识到逃避责任的严重后果。如此正面教育和反面教育相互交错，能够让孩子对于责任更加印象深刻，也可以激励孩子主动承担责任。

说起责任，很多人都将其与重要的事情联系在一起，误以为所谓责任，就是"先天下之忧而忧，后天下之乐而乐"，就是普度众生。其实，对于普通人而言，责任固然是崇高的，但是并非只与"高大上"的事情有关系，更多的时候，责任也会关系到那些小事情。正如古人所说的，一屋不扫何以扫天下。作为父母，我们千万不要任由孩子误以为达济天下才是承担责任，而要引导孩子从身边的每一件小事做起，把小事做好，才是真正地承担责任，才是真正地有担当。

第7章
培养有担当的孩子，为自己的选择和行为负责

承担属于自己的责任

高桥敷先生是日本大名鼎鼎的人类文化学学者，有一段时间，他被秘鲁的一所大学聘为客座教授，与夫人一起居住在大学的公寓里。公寓里住的都是这所大学的教授和家属，邻里关系非常和谐融洽。有一天，高桥敷先生和夫人待在家里，突然，一个足球飞过来，把他们家的玻璃砸碎了，吓了他们一跳。高桥敷马上起身查看情况，原来是与他们比邻而居的美国教授家的儿子把足球踢偏了。高桥敷感到很不快，但是他们也知道孩子是无心为之，因此，他们没有找邻居理论，而是打算等邻居登门道歉后这件事就宣告结束。然而，他们左等右等，也没有等来邻居道歉。他们感到很失望，不知道美国教授夫妇为何这么不懂礼貌。

次日清晨，高桥敷听到轻轻的敲门声。他打开门，看到昨天闯祸的孩子正站在门口，在他身后还有一个工人扶着一块和高桥敷昨天碎裂的玻璃一样大、一样颜色的玻璃。高桥敷很惊讶，问孩子："你是如何做到的？"孩子说："我很早就搭乘公交车去玻璃商店购买了这块玻璃，并且和他们说好上门安装的费用。"高桥敷知道这块玻璃价值不菲："爸爸给你的钱吗？"孩子摇摇头，说："我的所有零花钱也不够，所以我和爸爸借了一点儿。接下来两个月，我要每周负责给他洗车一次，才能还清。"高桥敷心中的不悦烟消云散，他这才见识到

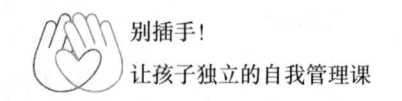

美国人教育孩子的方式。接下来,男孩真诚地向高桥敷夫妇道歉,并且叮嘱工人安装玻璃的时候小心点,不要把地板踩脏,也不要把墙壁刮花。这件事情得到了圆满解决,也让高桥敷由衷地对美国人的教育方式竖起了大拇指。

在很多父母心中,一旦孩子犯了严重的错误,超出了他们能够负责的范围,父母就会当仁不让地来帮助孩子解决问题。实际上,孩子是有能力承担责任的,只要父母愿意让孩子承担,也认为有必要让孩子承担,孩子总能想到办法解决问题。例如,事例中的美国男孩,就是通过向爸爸借钱的方式解决了赔偿邻居玻璃的难题。毋庸置疑,接下来的两个月里,他每次帮爸爸免费洗车的时候,就会想起自己曾经的错误,由此,他一定会获得深刻的教训。反之,如果爸爸妈妈轻易地出面帮助他进行赔偿,他就无法意识到自己的错误带来的严重后果,说不定以后依旧不小心,还会把自家或者邻居家的玻璃砸碎。

每个人都要承担自己的责任,父母一定要对犯错的孩子有足够的狠心,坚持让孩子独自承担责任。这样,孩子才会知道自己哪里做错了,深刻反思自己,才会有的放矢地改进自己的行为。当然,如果孩子还很小,需要承担的责任的确超出了他们的能力范畴,那么,父母也不要全权为孩子代劳,而应让孩子承担起责任,父母则从旁协助。这样一来,孩子就会知道事情并非与他们无关,而且他们因此得到了父母的帮助。

一个人要想屹立于人世间,就一定要有责任感。只有负责

任的人，才能傲然屹立于天地之间，也只有负责任的人，才能成为一撇一捺大写的人。任何时候，父母都不要替孩子承担责任，因为，只有在一次又一次为自己的行为负责的过程中，孩子才能不断成长，走向成熟。当孩子从被动承担责任转变为主动承担责任时，则意味着孩子真正长大成人，真正成熟起来。

做一个敢于承认错误的人

在列宁小时候，有一天，他和妈妈一起去姑妈家里玩。因为很久都没有见到姑妈家的兄弟姐妹，所以，列宁一到姑妈家里，就和兄弟姐妹们玩到一起。他们在房子里不停地跑来跑去，玩得不亦乐乎，妈妈和姑妈则坐在客厅里聊天。突然，妈妈和姑妈同时听到清脆的破碎声，她们一起跑去查看情况，却发现几个孩子全都蔫头耷脑站在一边，而地上则是姑妈最心爱的中国瓷器，只是这个瓷器已经变成了碎片。姑妈心疼不已，当即质问孩子们："谁打碎了我最心爱的瓷器？"兄弟姐妹们依次表示否定，列宁也低着头红着脸表示否定。看到列宁的样子，妈妈知道一定是列宁打碎了瓷器，但是妈妈不想戳穿列宁的谎言。

从姑妈家里回来之后，妈妈经常讲关于诚实的故事给列宁听。有一天，妈妈给列宁讲完故事，列宁突然羞愧地哭起来，向妈妈承认："妈妈，对不起，是我打碎了姑妈的瓷器。"

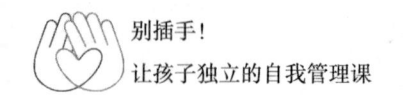

妈妈抚摸着列宁的脑袋，对列宁说："没关系，只要敢于承认错误，就是好孩子。"列宁说："我明天就写信向姑妈承认错误。"妈妈问："你为何不现在就给姑妈写信呢？"列宁当即起床穿好睡衣，拿出信纸和笔，开始给姑妈写信，以承认错误，表示歉意。很快，他就收到了姑妈的回信，姑妈在信里对列宁说："任何东西也没有你的诚实更加可贵。"

列宁为何一开始不敢承认错误呢？其实，他撒谎的原因和很多孩子一样，那就是担心自己承认错误会受到严厉的惩罚，因此他只能假装事情和自己无关。回到家里后，在妈妈潜移默化的引导下，他意识到诚实是最优秀的品质，也因为撒谎而始终觉得内心不安，所以选择承认错误，以重获内心的安宁。很多孩子在犯错之后选择撒谎，就是因为害怕受到惩罚。相信聪明的父母看到这里，一定知道如何避免孩子撒谎。那就是要宽容对待诚实承认错误的孩子，选择原谅他们，而不能总是不分青红皂白地惩罚他们，这样，孩子才能做到勇敢地承认错误。很多时候，孩子犯错并非故意为之，而是因为他们玩得很高兴，也是因为他们不小心。作为父母，我们要以宽容体谅的态度对待孩子，而不要总是吹毛求疵，更不要完全禁止孩子犯错。

父母要意识到一个道理，那就是当孩子能够主动且勇敢地承认错误、承担责任的时候，他们就是值得认可和赞许的。为此，父母不要以极端的、孩子无法接受的惩罚逼着孩子撒谎，而要珍惜孩子的诚实品质，并爱护孩子的坦率与真诚。

第7章
培养有担当的孩子，为自己的选择和行为负责

承认错误，承担责任，对于孩子而言是一种非常难得可贵的品质，也是孩子健康成长、变得更加优秀的基础。古今中外，一切伟大的人在面对人生中的各种境遇时，从来不会畏缩，哪怕需要付出惨重的代价，他们也勇敢无畏。父母教养孩子，更要从小培养孩子优秀的品质，让孩子面对错误敢于承认，也能够肩负起该负的责任。这样孩子才能健康茁壮地成长，才能成为心怀坦荡的人生强者。

有些父母总觉得孩子还小，不需要那么急于承担责任，其实，这种对孩子的纵容必然导致非常恶劣的后果。很多时候，一件小事情就会引起巨大的反响，也会使得事情的结果发生改变，为此，父母不要怀有侥幸心理，也不要觉得等到孩子长大了再教育也来得及。勿以善小而不为，勿以恶小而为之，教育孩子无小事，父母要做到警钟长鸣，这样才能及时纠正孩子出现的偏差，才能有的放矢地督促和引导孩子改变。很多时候，父母再多的说教，也不如让孩子承担责任来得更加有效。父母更用心，督促孩子勇敢承担责任，说不定就会改变孩子的一生。

只为成功找方法，不为失败找借口

在世界历史上，巴顿将军的大名无人不知，无人不晓。有一次，巴顿将军想从六个下属中选出一个来晋升，但是又不知

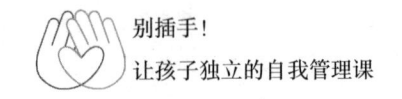

道应该选择谁，为此，他给他们出了一道考题：挖掘一条战壕，长八英尺、宽三英尺、深六英尺。下达命令之后，巴顿先生当即离开，躲避到下属们看不到的地方，开始观察下属们的表现。

六个下属都找到合适的工具，在开始挖掘战壕之前，他们展开了讨论。有人觉得这么浅的战壕没有用处，有人抱怨这样粗笨的、毫无技术含量的工作应该交给新兵去干，也有人认为巴顿将军一定是下错了命令，最终会导致无用功。在这些人之中，只有一个人当即拿着工具开始干活，没有质疑，也没有迟疑。最终，巴顿将军决定提拔这个坚决执行命令的下属，并对其他人说："你们对于任务有疑惑，可以在我下达命令的时候，就向我提出来，与我展开讨论，或者表达对我的质疑。而一旦我已经下达命令且已经离开，你们的讨论无非是在找借口逃避执行任务，这是一个合格的下属绝不应该做出来的事情。因此，我对你们感到很失望。我需要的是真正信任我，且可以坚决执行我的命令的人。"

巴顿先生说得很有道理，那些下属中，如果有人对于他的命令有疑惑，完全可以当面讨论，这样的讨论是为了解决问题。而在背后讨论，无疑只是为了发牢骚，发泄不满，不但不能解决问题，反而会因为抱怨而耽误任务。为此，巴顿先生才会毫不迟疑地选择那个坚决执行命令的下属。当然，巴顿将军是将军，在军营里，服从命令是军人的天职，所以每个军人都应该把服从命令当成最重要的任务去完成。

其实，不仅军人需要执行命令，作为普通人，我们也要学会坚定不移地去做该做的事情，这样才能避免浪费时间，才能在成长过程中不断地获得进步。现实生活中，很多孩子特别擅长找借口。例如，没有完成作业，他们说是因为书本忘记带了；上课不认真听讲，他们说是同桌找自己说话；不能按时睡觉，则说自己还有书没有看完，或者还没有洗漱……总而言之，他们总是无法保质保量地完成任务，又总是会给自己找各种各样的借口。人们常说，只为成功找方法，不为失败找借口。若孩子习惯于找形形色色的借口，毋庸置疑，他们会距离成功越来越远。

一个人一旦犯了错，自己也意识到犯了错，就不要找各种各样的理由为自己辩解，最好马上承认错误，真挚地向被自己伤害的人道歉，真诚地对蒙受损失的那一方进行弥补。要知道，一个人在气头上的时候，他根本什么也听不进去。如果你总是为自己解释，他会误以为你是在为自己辩解，是为了逃避责任。为此，及时摆出承担责任的姿态是最重要的，也是赢得对方谅解的有效方式。

对于每个人而言，都难免会犯错。父母要教导孩子，与其浪费宝贵的时间和精力寻找借口，逃避责任，不如努力分析导致错误的原因，想办法弥补他人的损失。只有怀着这样真诚的态度，做出友好的行为，孩子们才会得到他人的认可，渐渐变得受人欢迎。记住，真挚认错，勇敢承担责任，才是每个人都应该有的姿态。

别插手！
让孩子独立的自我管理课

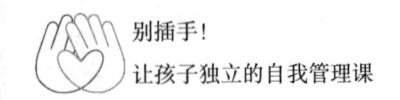

告诉孩子为自己负责

最近，学校里很流行滑轮滑，有几个和艾米玩得很好的同学也购置了轮滑鞋，每天放学之后，他们都会相约去操场上练习，艾米也十分心动，央求妈妈为她买一双轮滑鞋。看到艾米这么眼馋，原本坚决拒绝的妈妈架不住艾米的死缠烂打，也有些动摇，她问艾米："一双轮滑鞋价值不菲，你确定自己会坚持学习，一直到熟练穿着轮滑鞋滑行吗？我可以答应给你买，但是不能看到你半途而废，把轮滑鞋搁置。"听到妈妈的话，艾米马上高兴得一蹦三尺高，当即向妈妈保证："妈妈，我保证会坚持练习，直到学会，一定不会搁置的。"就这行，妈妈咬紧牙关，从原本就很紧张的生活费里挤出来一笔钱，给艾米购置了很不错的轮滑鞋。

然而，学习轮滑不像艾米想得那么容易，也许是因为平衡感不好，艾米第一天学习轮滑，就摔倒好几次，有一次把屁股摔得特别疼，她忍不住龇牙咧嘴。这个时候，艾米还能鼓励自己："没关系，别人都能学会，我也能学会。"然而，随着时间的流逝，坚持练习的艾米摔得鼻青脸肿，仍没有太大的进步。渐渐地，艾米感到厌倦，也产生了浓烈的畏难情绪，所以忍不住对妈妈说："妈妈，我不想练习了。"妈妈看到艾米经常摔倒也很心疼，但是她告诉艾米："艾米，你要对自己的决定负责。你亲口答应我不会让轮滑鞋闲置，我才给你买了轮滑

第 7 章
培养有担当的孩子，为自己的选择和行为负责

鞋。如果你不能兑现自己的诺言，我只怕以后不会再轻易满足你的请求。"其实，妈妈不是心疼买轮滑鞋的钱，而是希望艾米能够兑现承诺，对自己的言行负责。

在妈妈的坚持下，艾米继续努力练习。又过去几个月的时间，艾米经过一番勤学苦练，轮滑的水平越来越高，终于可以穿着轮滑鞋熟练地滑行了。

孩子并不能因为自己还小，就可以不对自己的言行负责。作为父母，当孩子提出请求的时候，我们一定要确认孩子的请求，也要得到孩子的承诺。这样，孩子才会对自己的行为和承诺负责，才能够督促自己兑现承诺。在一件又一件小事之中，如果孩子始终能对自己负责，渐渐地他们就可以主宰自我，驾驭人生。

虽然从法律的角度而言孩子还没有完全的民事行为能力，但是，如果父母要想让孩子形成责任感和责任意识，就要明确告诉孩子对自己负责。所谓对自己负责，就是对自己的很多事情负责，诸如对自己的言谈举止负责，对自己的安全负责，对自己的决定负责，对自己的学习负责……当孩子可以面面俱到地对自己负责时，他们也就形成了责任意识，且具备了责任能力，这样的孩子，自然可以有的放矢地在人生之中做好每一件事情。

在上述事例中，艾米看到很多朋友都有了轮滑鞋，便也产生了滑轮滑的想法。她必须对自己的决定负责，妈妈才会为她购置轮滑鞋，她的想法不单纯是自己的想法，也会对整个家庭的生活产生影响。在确定艾米会坚持练习轮滑之后，妈妈兑现

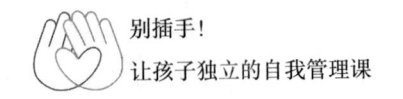

了自己的承诺，所以，艾米也要兑现自己的承诺。除了对自己的言行举止和各种想法、选择负责之外，孩子们还要对自己的安全负责。父母最关心的就是孩子的安全问题，为此，在孩子小时候，父母总是寸步不离地跟在孩子身边，全方位保护孩子的安全。但是，随着不断成长，孩子终究要离开父母的身边，独自去生活。因此，父母要尽早帮助孩子建立安全意识，教会孩子安全防范，从而让孩子对自己的安全负责。归根结底，孩子总会长大，父母不要觉得自己可以始终陪伴和保护孩子，只有教会孩子对于自己负责，孩子才会真正成长，才能变得更加强大。

第8章

培养孩子的整理能力，先扫一屋然后扫天下

父母即使再爱孩子，也不可能像老母鸡照顾小鸡崽那样，把孩子庇护在翅膀下面，永远给孩子遮风挡雨。在自然界里，很多动物对于孩子都是很残忍的。例如，老鹰妈妈会把雏鹰赶下悬崖，逼着雏鹰必须振翅高飞。再如，小鹿妈妈会使劲地踢才出生、还没有来得及睁开眼睛的小鹿宝宝，从而让小鹿宝宝尽快站起来，随时准备躲避危险。人是万物的灵长，作为爸爸妈妈，我们人类也要"狠心"对待孩子，这样才能培养孩子的独立生存能力，让孩子不断成长和发展。

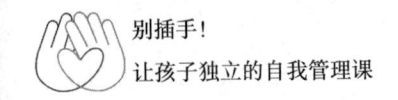

让孩子学会整理房间

　　周末,琪琪不用去上学,妈妈也可以抽空睡个懒觉。自从搬到离学校比较远的郊区之后,妈妈每天早晨都要驾车送琪琪上学,因此常常感到很疲惫。然而,琪琪已经形成生物钟,虽然是周末,她还是早早地醒了,躺在被窝里看着天花板发呆,就是不想离开床,不想写作业,也不想打扫房间。

　　早在一个星期之前,妈妈就给琪琪下了最后通牒:以后,自己的房间必须自己打扫。然而,琪琪实在太懒了,在上小学三年级之前,始终都是妈妈帮助她打扫房间,为何才升入三年级没多久,妈妈就要求她自己打扫房间了呢?琪琪将其原因归结为妈妈变得懒惰了。大概十点钟,妈妈才从梦中醒来,懒洋洋地伸了个懒腰,才起床为琪琪准备早餐,收拾家里的卫生,进行大扫除。妈妈看到琪琪的床上乱得就像小狗窝,对琪琪说:"赶紧起床,把你的床收拾干净,再收拾书桌和房间。"琪琪撒娇地赖在床上一动不动:"妈妈,我很累,你不要这么残忍啊!我还要留着力气写作业呢!"妈妈不为所动,斩钉截铁地对琪琪说:"打扫卫生不影响你写作业,而且,活动开了之后,你写作业会更有力量呢!"无奈,琪琪只好起床,开始叠被子。但是,她的被子叠得很糟糕,没有棱角。妈妈原本想

第8章
培养孩子的整理能力，先扫一屋然后扫天下

批评琪琪，一想到琪琪不愿意整理房间，改口说："这不整理得很好么！说明你还是有整理房间的天赋和潜质的，我看好你哦！"

很多孩子都不喜欢收拾和整理房间，但是，让他们搞起破坏来，只需要不到一分钟的时间，就可以把妈妈辛苦收拾一整天、干净整齐的家弄得乱七八糟。这是孩子在故意搞破坏吗？其实不然。他们只是天性崇尚自由，不喜欢被约束，而喜欢肆无忌惮地放飞自我。

在上述事例中，妈妈坚持让琪琪自己打扫和整理房间，在看到琪琪做得不够好之后，妈妈没有批评和指责琪琪，而是认可和表扬琪琪，不得不说，妈妈是非常聪明的，知道好孩子都是夸出来的。遗憾的是，现实生活中，有很多父母对于孩子的教育方法都是错误的。因为孩子还小，能力有限，很多事情都做不好，所以父母就很嫌弃孩子做得不够好，甚至剥夺了孩子亲自去做很多事情的权利。当孩子拿起笤帚准备扫地的时候，他们说"别干别干，还不够帮倒忙的呢"；当孩子吵闹着要学习做饭炒菜的时候，他们说"你还没有锅台高呢，怎么做菜炒饭"；当孩子想要独立整理房间的时候，他们说"你只会把一切变得更糟糕，明明找得到的东西，被你收拾过也找不到了"……也许父母说的是实情，能力有限的孩子无法把很多事情做得和父母预期的一样好，但是他们没有意识到，自己在无形中打击了孩子参与家庭事务、进行更多尝试的积极性，也导

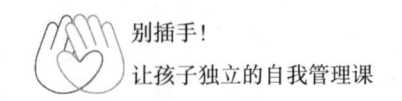

致孩子感到自卑沮丧,甚至故步自封。父母要想培养孩子整理房间的能力,就不要嫌弃孩子做得不够好,更不要总是否定和打击孩子的热情与信心。否则,长此以往,孩子养成凡事都依赖父母的坏习惯,只会变得越来越懒惰,根本不可能具备独立生存的能力。好孩子都是夸出来的,当一个会夸孩子的父母,当一个欣赏孩子劳动果实和优秀创意的父母,一定能够激励孩子拼尽全力,继续进取和发展!

收拾难到底难在哪里

在妈妈的督促下,琪琪终于起床,开始收拾房间,但是,对于琪琪收拾之后的房间,妈妈不敢恭维。为了激励琪琪,妈妈表面上大力认可和赞赏琪琪,而实际上妈妈心里却在说:这个孩子真是帮倒忙,收拾完还不如没有收拾的时候看着干净整洁呢!如何才能培养琪琪的收拾能力呢?这是个难题,需要马上解决。

经过一番观察之后,妈妈发现琪琪在收拾房间的时候完全没有头绪,她一会儿拿起几本书从这个地方放到那个地方,一会儿把原本叠放得整整齐齐的衣服抱出衣柜,凌乱地堆积在床上,再整理一遍。结果,经过她整理的衣服还没有之前在柜子里那么整齐呢!最凌乱的就是琪琪的书桌,每次妈妈帮琪琪把书桌收拾干净后,只要一分钟,琪琪就能像变魔术一样把书桌再次弄得凌乱

第8章
培养孩子的整理能力，先扫一屋然后扫天下

不堪。妈妈思来想去，发现琪琪之所以不擅长收拾和整理房间，就是因为不会分类。例如，在收拾衣柜的时候，她常常把袜子和内裤放在一起；整理书桌的时候，她总是把放铅笔的区域和放书本的区域混合起来用，这样整理，结果可想而知。妈妈决定先从分类管理做起。她为琪琪买了很多个整理箱，再给每个整理箱贴上标签，等到收拾的时候，琪琪只需要按照标签的提示把东西放入相应的整理箱即可。这样一来，琪琪收拾房间的难度大大降低，看着收拾得很整齐干净的房间，琪琪觉得骄傲极了。

孩子之所以不会收拾东西，是因为他们还不会分门别类。其实，别说是孩子了，有些成人在整理房间的时候，也总是越整理越乱，因为他们没有将收纳空间正确分类。幸好妈妈想到了这个原因，主动帮琪琪够买了足够多的整理箱，从而减小了琪琪收拾房间的难度，也循序渐进地帮助琪琪养成了良好的收纳习惯。可以想象，一段时间之后，哪怕整理箱已经坏了，琪琪也绝不会再把东西放得乱七八糟，因为她已经习惯了分类收拾东西，也已经习惯了良好的卫生环境。

很多父母都为孩子不会收拾东西而烦恼，也有相当一部分父母对此怀有不以为然的态度，觉得船到桥头自然直，等到孩子长大了，他们自然能学会。其实不然。那些擅长收纳的人并非天生就喜欢收纳，或者天生就有很强的收纳能力，而是由生到熟，由不能到能，如此循序渐进，才锻炼了自己的能力。父母不要幻想等到孩子长大了，一夜之间就能成为收纳达人，而要意识到，如

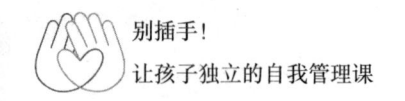

果父母现在不督促孩子，那么，即便长大了，孩子也还是不擅长收纳，并且会因为家里的脏乱差而给自己带来很多的负面影响和生活上的不便。凡事都要未雨绸缪，才能做得更好，才能有时间和空间不断提升自己。为此，父母也要有危机精神，随着孩子不断成长进入特定的生命发展阶段，父母也要有的放矢地引导和帮助孩子，激发孩子的学习和成长能力。

罗马不是一天建成的，胖子也不是一口吃成的，孩子的成长需要漫长的过程，也要遵循循序渐进的原则。因此，父母在教育孩子时不要急功近利，要保持平静的心态，对孩子付出足够的耐心，唯有如此，孩子才能获得更大的进步，才能渐渐地强大起来。

如何有效指导孩子收拾得更好

这个周末，琪琪正在收拾自己的房间呢，妈妈过来视察工作了。看到琪琪把穿过的脏外套挂在衣柜里，妈妈很生气，因为她已经再三提醒琪琪不要把干净的衣服和穿脏了的衣服放在一起。因此，妈妈怒气冲冲地质问琪琪："你觉得你这件衣服放在这里合适吗？"琪琪丈二和尚摸不着头脑，说："长的外套不就是要放在这里的吗？"妈妈看到琪琪浑然不知自己错在哪里，又对琪琪说："我没有说它不是外套，我可以提醒你一

第 8 章
培养孩子的整理能力，先扫一屋然后扫天下

下：这个衣服穿过吗？"琪琪回答："这个衣服才穿了一天，不脏，也不值当洗，我就把它放在这里了！"妈妈又反问："那么你柜子左侧靠外的地方，开辟出来那块地方是干吗的呢？"琪琪不以为然，对妈妈说："当然是为了挂脏衣服。"妈妈："那你觉得这件衣服应该挂在哪里？"又绕回之前的问题了，琪琪无奈地回答："这件衣服不太脏啊！"

妈妈看到琪琪就像个闷葫芦一样怎么点也点不透，直接告诉琪琪："衣服只要穿过，不管是穿了十天还是一天，或者只是穿了半天，就要挂在脏衣服区域。如果你把穿过的衣服和没穿过的衣服挂在一起，不是把没穿过的衣服也弄脏了么！"琪琪恍然大悟，说："妈呀，您可真是能绕圈子，直接告诉我把脏衣服挂在穿过的衣服的区域不就好了么！"妈妈说："不是我能绕圈，是你反应太慢，根本不明白妈妈在说什么。"

在这个事例中，妈妈明显犯了一个错误，即当她在对琪琪的表现不满意的时候，不但没有直接给琪琪指出来，还绕来绕去，带着琪琪兜兜转转一大圈，结果琪琪也没有领会妈妈的意思。到最后，妈妈实在忍不住把话直接说出来，琪琪才恍然大悟。在和孩子沟通的时候，父母要注意一点，那就是孩子的思维能力发展不成熟，他们也没有那么丰富的人生经验，对于父母说出来的很多话，他们是听不懂的。父母要想和孩子更好地沟通，就不要总是对孩子说反话，也不要挖苦讽刺孩子。在提醒孩子的时候，如果孩子总是听不懂，父母就不要不停地兜圈

129

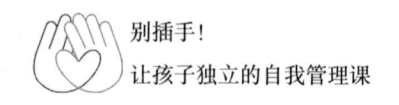

子,也许单刀直入的方式可以取得更好的效果。

此外,年幼的孩子还听不懂否定句。例如,两岁的孩子在收拾玩具,妈妈要告诉孩子"把玩具放入这个篮子里",而不是提醒孩子"小心,别把玩具丢出去了"。后一种表达往往会导致让人啼笑皆非的结果,那就是孩子偏偏把玩具丢出去,这是因为孩子对于否定的含义还不能完全理解,而只能听懂肯定的表达。为此,父母要了解孩子的身心发展规律和思维特点,采取孩子能听懂的方式与孩子沟通和交流,而不要总是以否定句误导孩子。

在指导孩子收拾东西的时候,父母还要提前给孩子们做好分类。例如,采取整理箱等方式,告诉孩子按照什么标准把相应的东西放入整理箱里。对于熟悉形状的孩子而言,可以以形状来进行区分;对颜色敏感的孩子,可以以颜色作为分类标准。总而言之,沟通的目的是相互理解对方的意思,能够执行对方的旨意,为此,父母与孩子之间的沟通并没有一定的规则,最重要的是要达到相互理解的效果。当然,孩子的自理能力并非朝夕之间形成的,尤其是收拾房间的能力,这比孩子给自己穿衣服、独立吃饭都要难很多。父母可以给孩子提供适时的帮助,但是不要总是代替孩子去收拾。如果孩子没有机会锻炼自己收拾东西的能力,就会导致什么也不会做。明智的父母会给孩子机会亲自去做很多事情,也会循序渐进地引导孩子不断成长和发展,当孩子的自理能力足够强大时,他们就能够独立生存,成为人生强者。

第 8 章
培养孩子的整理能力，先扫一屋然后扫天下

做好点点滴滴，才能走向自立

最近，琪琪又有些犯懒了，总是迟迟不愿意打扫房间，而且十分贪睡。每当妈妈催促琪琪打扫卫生的时候，琪琪总是说："妈妈，我的理想是当伟大的政治家，就像英国的铁娘子撒切尔夫人一样，撒切尔怎么能打扫卫生呢？"每当这时，妈妈就会反驳琪琪："琪琪，你觉得撒切尔夫人会没有独立生存的能力吗？既然你的偶像是撒切尔夫人，你该知道撒切尔夫人在各个方面都很出类拔萃。古人云，一屋不扫，何以扫天下，如果你连自己都不能照顾好，又如何能够成为像撒切尔夫人那样的女强人呢？"被妈妈这么一反驳，琪琪就没了话说，仔细想想也有道理，撒切尔夫人是在当上首相之后没有时间做那些小事情，而不是不屑于做这些小事情。

琪琪说不过妈妈，只好赶紧起床打扫卫生。她一边收拾房间，一边口中念念有词："我要是想成为撒切尔夫人，就要先把房间整理好。撒切尔夫人可以不用整理房间，但是在当女首相之前，她是一定会把房间整理好的。"听着琪琪如同说绕口令一样说着这样的话，妈妈忍俊不禁。

做大事的人也许不需要做小事，或者说对于小事情无须事必躬亲，但是，一个人要想增强自己的能力、做好大事，就必须从小事做起。古人云，不积跬步无以至千里，不积小流无以成江海。任何时候，孩子都要注重做好每一件小事，如此，才

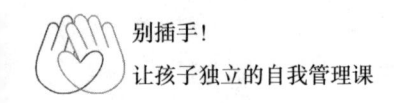

能循序渐进地增强自己的能力，最终把大事也做好。而如果他们总是不屑于做小事，又没有能力做大事，只会越来越荒废，到最终小事做不好，大事做不了，那就尴尬了。

人固然要有远大的理想和伟大的志向，但更要有脚踏实地的精神，这样才能立足于当下，一步一步朝前走去。当人总是好高骛远的时候，就会眼高手低，只会卖弄嘴巴上的功夫。从此时此刻开始，让我们从身边的点滴小事做起，脚踏实地，一步一个脚印地前进吧！

父母要给孩子的冒险做好保险

这一天，琪琪突发奇想，要学着做炒鸡蛋。这个时候，琪琪已经能独立收拾房间，而且能通过妈妈的验收了。因此，尽管妈妈提醒她火是很危险的，她却固执己见。妈妈拗不过琪琪，决定教会琪琪如何炒鸡蛋。在看了妈妈写的炒鸡蛋步骤之后，琪琪甚至把炒鸡蛋的方法背诵了下来。但是，第一次战战兢兢地把燃气打着火后，看着熊熊燃烧的火焰，琪琪未免觉得胆战心惊。

她把锅坐在火上，因为紧张，倒入了花生油之后，才想起来自己还没有切葱花呢！切好了葱花，又想起来自己还没有把鸡蛋磕在碗里，为此手忙脚乱，任由油在锅里沸腾，而她则忙乱地做这个做那个。温度过高，导致油锅燃烧起来，琪琪马上歇斯底里地尖叫。这个时候，妈妈眼疾手快，赶紧关火，再把锅盖放在锅上盖严实。很快，火被闷灭了。妈妈问琪琪："你刚才看见着火，第一反应是做什么？"琪琪说："我想往锅里倒水。"妈妈问琪琪："倒水对吗？"琪琪摇摇头，说："油比水轻，会着火更严重。"妈妈说："对。"琪琪不好意思地解释："我一看到火苗窜起来，心里太紧张了！"妈妈说："其实我早就看到锅里的油快要着火了，一直关注着呢，只是故意没有提醒你，想看看你应变能力如何。"琪琪有些懊恼地看着妈妈，妈妈说："只有经历过危险，你才知道水火无情，才能更小心。"琪琪领会到妈妈的良苦用心，点了点头。

现实生活中，有相当一部分父母因为溺爱孩子，什么事情都要替孩子去做，而不给孩子任何锻炼的机会。也有些父母为了锻炼孩子，常常放手去让孩子做很多超出其能力范围的事情，但因为父母没有始终保证孩子的安全，导致了危险的发生。让孩子锻炼能力固然重要，但是，保证孩子的安全，帮助孩子保护好自己更重要。就像事例中的琪琪，丝毫没有意识到把油锅放在火上一直烧着是很危险的，妈妈密切关注着这一切，并在琪琪意识到危险发生的时候及时帮助琪琪解除了危险。

正如妈妈所说的，水火无情，对于孩子而言，水和火都会带来危险。因此，当孩子成长到一定阶段，想要自立更生，学习做饭的时候，父母一定要在孩子冒险之前先为孩子做好保

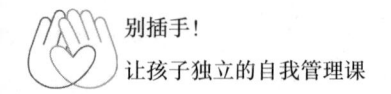

险,告诉孩子哪些事情是安全的,哪些事情是不安全的。只做这些还远远不够,因为,当危险真正发生的时候,孩子很有可能因为内心紧张而导致头脑中一片空白,以致做出错误的处理。这样一来,事情的结果当然会变得糟糕。所以,在孩子最初做很多危险的事情还不熟练的时候,父母除了要告诉孩子动作要领之外,还要告诉孩子如何避免危险以及危险发生的时候怎样应对,并且要始终陪伴在孩子身边,在孩子因为紧张而手足无措的时候做出积极正确的应对措施。这样的三保险,才是对孩子负责的态度。

尽管人们都说父母的溺爱是对孩子最大的伤害,父母的放手才是对孩子的成长负责,但是,我们作为父母,还是要讲究方式方法,在适度的时机对孩子适度放手,而不要一味地让孩子如同没头苍蝇一般到处乱撞,否则危险随时都有可能发生。

确定孩子真的理解了父母的想法

这一天,琪琪要给家里人做饭,这是琪琪勤学苦练厨艺一个暑假之后的成果,因此爸爸妈妈都拭目以待,端坐在餐桌前等着琪琪大厨给他们端来美味可口的饭菜。很快,琪琪的第一个菜就上桌了,这也是琪琪学会的第一个菜——炒鸡蛋。鸡蛋色泽金黄,看起来非常美味,散发出葱花的浓郁香气。陆陆续续地,琪琪做好了四个菜，就还差一个汤了。琪琪要做紫菜蛋汤，妈妈告诉琪琪做汤的时候要等水开了再倒入鸡蛋液，琪琪点头答应。然而，等到琪琪把紫菜蛋汤端上来的时候，妈妈还是忍不住摇头。

原来，正常的程序是先烧开水倒入蛋液，再加入紫菜和葱花，但是琪琪意会错了妈妈的意思，先放入了紫菜，后来等到水烧开又加入了蛋液，结果导致紫菜非常老。妈妈说："紫菜蛋汤有些失败。"琪琪抱怨："都怪你给了错误的指示。"妈妈也很委屈："我怎么给你错误的指示了？明明是你没有听懂妈妈的话。妈妈说了水开之后倒入蛋液。"琪琪说："那你也没说紫菜什么时候放啊！"妈妈无语，说："做菜除了要学习之外，也要领悟啊！紫菜本身就是熟的，再在水里烧开，可不就老了么！下次我给你指示的时候会更详细。我唠唠叨叨的，你可被别烦。"琪琪说："你说正经事，我不会嫌烦的，那就多谢妈妈提点啦！"说完，琪琪还对妈妈作揖，逗得妈妈哈哈大笑。

孩子的思维方式与成人的思维方式是不同的，所以，有的时候，父母以为自己已经表达得很清楚，但是孩子未必真的听懂了父母的话。在人际相处中，很多人都因为彼此误解而闹得不愉快。亲子关系中，要想避免这种糟糕情况的发生，父母在向孩子表达的时候一定要非常清楚，而孩子在有疑惑的时候，也要及时向父母提问。唯有如此，父母与孩子之间才能更好地相处，才能顺畅沟通没有障碍。

父母与孩子的人生经验也是不同的，很多事情，父母可

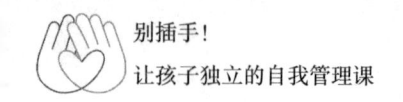

以根据人生经验作出及时准确的判断，但是孩子常常会因为人生经验匮乏而无法准确领悟父母的意思。尤其是对于年幼的孩子，父母在表达的时候要讲究方式方法，也要以孩子能听懂的语言向孩子表述，而不能想当然地认为孩子已经什么都听懂了，且可以把每一件事情都做到最好。有些父母对于孩子的期望很高，望子成龙、望女成凤原本无可厚非，但是如果因此而给孩子太大的压力，导致孩子不堪重负，结果往往无法尽如人意。任何时候，父母与孩子之间都要相互理解和体贴，都要多多沟通，如此才能让事情圆满完成。

教育孩子，表扬批评都是艺术

在琪琪亲手准备的家庭宴会上，因为她做紫菜蛋汤时搞错了放入紫菜的时机，导致紫菜很老，所以妈妈对琪琪提出了意见。琪琪还以为妈妈是在批评她呢，为此噘着小嘴巴很生气，不愿意说话，吃饭也吃得不香。这个时候，妈妈品尝了炒鸡蛋，觉得炒鸡蛋做得特别好，而且已经青出于蓝而胜于蓝了。妈妈当即毫不吝啬地对琪琪竖起大拇指，说："琪琪，我必须表扬你，你的炒鸡蛋做得太好吃了，比妈妈做得好吃。你可以告诉妈妈你是怎么做到的吗？妈妈要向你学习。"琪琪看着妈妈夸张的样子，忍不住问："你说的是真的还是假的，是不是为了安慰我呢？"妈妈摇摇头，说："有不足就要指出来，有优点就要表扬，这是理所当然的，我为何要安慰你？你不能接受批评，是你的心态不好，和我没关系，我才不会安慰你呢！但是你的鸡蛋炒得嫩嫩的，吃起来特别美味，你说呢，爸爸？"为了增强信服力，妈妈还让爸爸作证。爸爸也马上配合地向着琪琪竖起大拇指："真的很好吃，比妈妈做的还好吃！"琪琪高兴极了，脸上马上阴转晴，说："我把鸡蛋打得特别散，还在里面加了一些温水呢！这是我的小诀窍。"

妈妈问："为何要加温水呢？开水不行吗？凉水不行吗？"琪琪得意地说："开水会把鸡蛋烫熟，凉水里面有氧气，会导致鸡蛋有气孔，吃起来口感不细腻。"妈妈由衷地表扬琪琪："这个道理连我这个老师都不知道，你是怎么知道的？"琪琪高兴地笑起来："哈哈，你这个老师也太low了，你不知道有种东西叫百度吗？我还准备从百度上多学几个菜品呢！"爸爸也夸赞琪琪："看来，我的宝贝闺女很快就会成为咱家的大厨啦！你这个食堂堂长可要小心职位不保啊！"说着，爸爸转向妈妈，调侃起妈妈来。在其乐融融的氛围中，全家人都吃得肚饱溜圆。

功劳与过错能够相互抵消吗？不能。既然如此，妈妈就没有必要在批评孩子之后非要找借口表扬孩子，也没有必要在表扬孩子之后因为害怕孩子会骄傲，就找个借口批评孩子。真正的公平是有功劳要说，有过错也要提出来，这样才是对孩子负

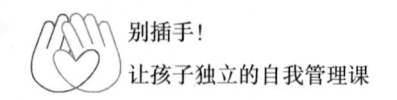

责——一则可以帮助孩子更加清醒理性地认知自己，二则可以让孩子胜不骄、败不馁，始终努力奋进，绝不畏缩退却。

孩子的心灵是稚嫩的，既需要父母的用心呵护，也需要父母的督促。很多父母看自己家的孩子怎么看都好，即使孩子犯了错，也还是表扬孩子，不得不说，这样错误的对待方式会让孩子迷失自我，不能正确评价自我，影响孩子未来的发展。明智的父母不会把对孩子的批评和表扬混为一谈，他们既懂得批评的艺术，也懂得表扬的艺术，为此总是能够引导孩子有的放矢地面对人生，坚定不移地走好属于自己的人生道路。

当然，不管是批评还是表扬孩子，都要掌握方式方法，也要学会技巧，这样才能收到最佳的效果。简而言之，不要在孩子吃饭的时候批评孩子，否则影响孩子胃部消化；不要当着别人的面批评孩子，否则会让孩子觉得深受打击；批评孩子的时候不要给孩子贴标签，否则孩子会形成错误的自我认知，自暴自弃。那么表扬呢？与批评恰恰相反，父母当着别人的面表扬孩子，会让表扬的效果非常好；父母不要吝啬表扬孩子，因为好孩子都是夸出来的；父母表扬孩子要具体翔实，而不要空泛虚无；父母表扬孩子要很用心，而不要敷衍了事……很多父母误以为孩子小，就对孩子的情绪感受不在意，却不知道孩子的内心非常敏感细腻，对于父母对他们的态度有着深刻敏锐的认知，为此，父母要慎重对待孩子，照顾和满足孩子的心理与情绪需求，这样才能与孩子更快乐地相处，才能保障孩子健康成长！

第9章

让孩子树立时间意识，养成时间管理的思维

明日复明日，明日何其多，我生待明日，万事成蹉跎。时间是组成生命的最宝贵材料之一，如果没有时间作为生命的载体，生命就会消失，生命中的一切也就变得毫无意义。为此，要想让孩子更好地管理自己，掌控人生，就一定要培养孩子的时间观念，让孩子每时每刻都争分夺秒，这样才能与时间赛跑，才能超前于人生原本的节奏。

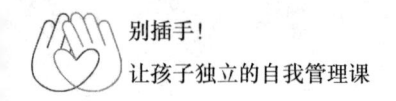

帮助孩子树立时间观念

自从把家搬到郊区的新房子里，乐乐每天早晨上学都要早起四十分钟。原本住在学校附近租来的房子里，乐乐七点钟起床，七点四十就能到学校。如今，住得远了，乐乐每天六点二十就要起床，六点四十准时出门，坐爸爸的车去学校，往往七点十分就到校了。至此，乐乐深刻理解了奶奶常说的"远路赶早集"是什么意思。他这个住得远的人总是到校很早，而那些住得近的同学常常踩着预备铃走进教室。

当然，有的时候乐乐特别困倦，早晨起床就没有那么及时，好不容易睁开惺忪的睡眼，起床之后往往磨磨蹭蹭，做事情很慢。在有一天早晨险些迟到之后，妈妈给乐乐下了最后通牒，或者六点起床，或者继续六点二十起床，但要动作迅速，争分夺秒。乐乐当然想多睡二十分钟，他为难地对妈妈说："时间不知不觉就过去了，我虽然想快一点儿，但是我不知道时间，不知道自己在磨蹭。"听到乐乐的话，妈妈觉得也有道理，乐乐对于时间的细致化概念还没有形成，不知道自己刷牙是用了三分钟还是六分钟。妈妈买来番茄闹钟，让乐乐根据番茄闹钟的时间来做事，还为乐乐准备了几个沙漏，一个放在书桌上用来计算穿衣服的时间，一个放在洗脸的台盆上用来计算洗脸刷牙的时间，一个放在马桶那里用来计算上厕所的时间。果然，有了这些计时的辅助工具，乐乐早晨起床之后的动作快多了。

很多孩子都没有时间观念，他们对于时间的流淌无知无觉，越是年幼的孩子，对于时间越是这样无感。当然，年幼的孩子不需要上学，也不需要赶时间去做什么，所以没有时间观念并不曾给他们的生活带来麻烦。而一旦上学，孩子们的时间总是非常宝贵，尤其是在早晨，稍微一迟疑就有可能导致迟到，所以父母们就会经常催促孩子。然而，催促未必能起到最好的效果，因此，父母要想办法激励孩子，而不要任由孩子放任自己，拖延时间。

对于懂事的孩子来说，在他们真正去做一件事情之前，父母可以引导他们给这件事情设定目标。孩子们有了目标，确定了方向，努力起来就会更有效率。否则，他们总是漫无目的，想要努力也找不到方向，在学习和生活中就会变得非常被动。总而言之，人生短暂，时间对于每个人都是公平的，从不因为任何人而多一分或者少一分。在这么公平的时间面前，孩子必须要珍惜时间，抓紧时间，才能让生命更有效率。

效率当先，才能不再拖延和磨蹭

最近这段时间，妈妈发现乐乐写作业的速度明显变慢了。

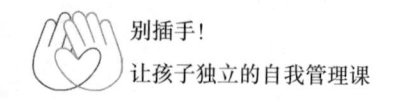

原本，他三点放学，三点半回到家里，大概六点钟就可以完成所有的作业。如今，他回到家里之后会先磨磨蹭蹭地吃东西，这样一来，到了六点吃晚饭的时候，他的作业还没有完成一半呢！吃完晚饭，他还要休息一会儿再写作业，几乎每天都会写到晚上九点以后，甚至十点多。妈妈很纳闷："三点半就到家，有多少作业要写五六个小时呢！"为此，妈妈询问了班级里其他孩子的家长，这才发现乐乐是在故意拖延。

原来，前段时间乐乐完成作业很快，六点就能完成，因此妈妈为他布置了一个小时的课外作业。乐乐虽然几次提出不想做课外作业，但是都被妈妈强制要求必须做，为此乐乐很郁闷。思来想去，他就想出这个办法来消极怠工。妈妈没有戳穿乐乐的花花肠子，而是告诉乐乐："从现在开始，每天放学回家先写课外作业。学校里的作业八点之前必须完成，否则就不要写了，等着第二天去被老师批评。"乐乐眼见着无法偷懒了，只有加快了完成作业的速度。因为先完成了课外作业，所以，写完学校里的作业后，他可以再玩半个小时，如果完成作业很早，还能玩一个小时。乐乐受到激励，每天都加速完成作业，再也不拖延了。在妈妈的建议下，他还用番茄闹钟来给作业定时。渐渐地，他写作业的效率越来越高，对于学习的热情也水涨船高。

三点放学，三点半到家，等到九、十点钟才完成作业，可想而知，这不但对于爸爸妈妈是一种煎熬，对于乐乐自己来说，也是难挨的时光。幸好妈妈很机智，弄清楚真相之后，想出了很好的方法杜绝了乐乐故意拖延时间的行为。如今的乐乐尝到了高效率完成作业的甜头，每天都坚持快速高效完成作业，有了更多的个人时间，作业的完成质量也因为专心致志而变得更高。

很多孩子都有拖延的坏习惯，他们有的是因为懒惰，有的是因为和父母耍心眼，有的是本来就性格很慢，还有的是因为做事情习惯了三心二意，所以无法集中注意力。不管孩子因何导致做事情效率低下，父母都要分析原因，从而有的放矢地帮助孩子。要知道，小学阶段的作业还是相对比较少的，学习也更轻松，如果孩子从小学阶段就养成了磨蹭的坏习惯，干坐在书桌面前耗费时间，那么等到初中、高中学习任务越来越繁重的时候，他们根本无法把知识学好。正因为如此，很多人都说小学阶段是养成好的学习习惯的关键时期，因此，父母除了要盯着孩子的学习之外，还要更加关注对于孩子学习习惯的培养。若孩子能在小学阶段养成良好的学习习惯，对于每天的作业和预习、复习工作能够按部就班地做到最好，那么，父母也就无须为孩子的学习发愁了。

让孩子更加认真细致

期中考试，乐乐的数学考得不是很理想，比预计的成绩少了至少五分，也因此从班级里的上等生变成了班级里的中下等。看到乐乐的试卷之后，妈妈不由气得七窍生烟，原来乐乐试卷上做错的题目都是很简单的、不该错的，那些比较难的题目，他反而都做得很正确。在一道计算题上，乐乐居然把加号看成了减号，这让妈妈忍不住用手指着乐乐的脑袋骂他："你到底长没长眼睛，这么大的加号都能看成减号，难道加号和减号看起来很像吗？还是你没长心，压根就没认真看题目啊！"听着妈妈老生常谈的这番话，乐乐情不自禁地皱起眉头。原来，乐乐经常会犯粗心的错误，妈妈每次都这么骂他，为此他对这番话总是左耳朵进右耳朵出，从来也不放在心上。

　　妈妈看着乐乐不耐烦的样子，意识到自己很有可能是在对牛弹琴，为此话锋一转，对乐乐说："我说话你很不耐烦，是吗？我再三强调要细心，不要粗心，你也都不听，是吗？那好，从今天开始，因为粗心错一道题目就要做一张试卷，如果试卷上还有因为粗心而错的，就继续做。这样没问题吧？"这个惩罚够严厉，乐乐马上表示抗拒，但是妈妈说出来的话让乐乐哑口无言："我的目的不是惩罚你做更多的题目，而是要让你更加认真细致，只要你不粗心，这个作业就不存在。所以决定权在你手里，明白吗？"乐乐无话可说。

　　孩子粗心，是很多父母都会遇到的难题，同样地，他们都想出了很多办法来帮助孩子改掉粗心的坏习惯，但是效果很差。这可怎么办呢？一味地批评和训斥孩子，就像事例中的乐

第 9 章
让孩子树立时间意识，养成时间管理的思维

乐一样，对妈妈所说的话渐渐地就不放在心上了。而如果采取惩罚的方法，也常常会让孩子产生抵触心理，甚至引发亲子矛盾。但是，孩子总是要为不该犯的错误付出代价的，所以，一直写课外作业到不再因粗心而犯错为止，是一个不错的方法。

还有一些父母会安排孩子每天都做一页口算练习。的确，对于孩子而言，做口算练习不但能够增强计算题的熟练程度，还可以让他们改掉粗心的坏习惯，可谓一举两得。但是很多父母的方法都错了，那就是他们只是交代孩子完成一页口算练习，而没有给孩子限定时间。试问，孩子集中注意力、争分夺秒在五分钟时间内完成一页口算练习，和孩子磨磨蹭蹭用了半个小时的时间、一边做一边玩地完成一页口算练习，能一样吗？不但完成口算的速度不同，就连完成口算的质量也是截然不同的。有的人误以为做题目用的时间越长正确率越高，实际上恰恰相反，对于那些不需要苦思冥想的题目，在合理范围内，用的时间越短，正确率越高。若浪费太长的时间去做简单的题目，就意味着孩子们没有集中注意力，没有全力以赴，不但速度降低，正确率也随之下降。为此，在用做口算练习的方式来训练孩子的注意力、提升孩子的正确率时，父母一定要给孩子限定时间，循序渐进地帮助孩子提升学习效率，完成学习目标。

任何努力，有效率才有意义，如果只是白白在浪费时间，非但没有对事情起到积极的作用，反而贻误事情，则只会本末

145

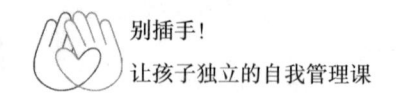

倒置。当然，要想令孩子更细心，一味地批评和训斥孩子是很难实现的，父母要多多给孩子机会，锻炼孩子的专注力，让孩子习惯于全神贯注地去做好每一件小事，这样孩子才能养成细心的好习惯。

引导孩子利用好假期

这个暑假，乐乐准备先狂欢，再写作业。妈妈虽然对他的安排有很大的担忧，但是想到他开学就是四年级的学生了，也决定给他一次机会去实践，最终能够圆满完成作业当然好，如果不能圆满完成作业，至少也让他得到教训。因此，妈妈什么都没有说，任由乐乐安排自己的假期——前一个月玩耍，后一个月完成作业。

快乐的日子总是过得飞快，转眼之间，狂欢的一个月过去了，乐乐每天玩得昏天暗地，而且爸爸妈妈都没有意见，这让他更加忘乎所以。一个月结束，到了写作业的日子，妈妈偶然拿出一个月前就已经预定好的机票，宣布全家要去海南玩一个星期。乐乐对妈妈说："我的作业还没写呢！"妈妈面色平静："你可以选择留在家里完成作业，也可以选择和我们出去玩，等到回来狂补作业。"乐乐当然选择后者，就这样，他只有二十天用来完成作业。从海南回来之后，没过多久，姥爷就

第9章
让孩子树立时间意识，养成时间管理的思维

住院了，妈妈每天都要去医院送饭、照顾姥爷，因此，乐乐一个人在家里。而他的自我约束力又很差，又是十天过去，他的作业还是没有动笔，但是他安慰自己："没关系，我还有十天的时间呢，肯定可以完成的！"接下来，爸爸单位组织去上海迪士尼玩，结果乐乐又没禁得住诱惑，和爸爸一起去迪士尼狂欢了三天。眼看着距离开学只有一个星期的时间，乐乐开始埋头写作业。然而，作业太多了，也因为已经疯玩了这么久，他根本无法静下心来写作业。直到去学校报道的前一天晚上一点多，乐乐还在写作业。次日原本应该是背着书包高高兴兴去学校报道的日子，乐乐却说自己头晕。妈妈心知肚明，对乐乐说："头晕可能是感冒了，先去学校报道，把作业交上去，如果回来头还晕，就去医院输液。"听说要输液，乐乐乖乖地背起书包去学校。

中午，乐乐从学校回来，眉开眼笑地，妈妈冷言冷语地问："有什么高兴的事情吗？"乐乐说："数学老师还没有和我们要作业，我还可以写一个下午，再加一个晚上，就能完成了！"中午，乐乐饭都没来得及吃，一直在全速写作业。就这样敷衍了事，乐乐终于把作业交差了，这才放下心来。转眼之间，又一个学期过去，到了寒假。妈妈问乐乐："今年的寒假作业是怎么安排的？"乐乐说："我要提前完成作业，从明天开始就写作业，每天都写。"妈妈满意地点点头，说："我们也许还会有出游计划，你最好富余出来几天的时间，省得到时

147

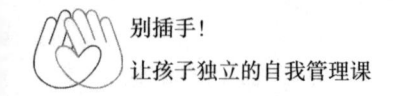

候我们都出去玩,你却要留在家里。要知道,今年在没有完成作业之前,是不能与我们一起出游的。"乐乐点点头,说:"我要半个月就完成作业,剩下半个月自由安排。"

事后,妈妈和爸爸说起乐乐的进步,爸爸忍不住感慨:"真是吃一堑长一智啊,否则每年寒暑假都要盯着他写作业!这下子他知道了不提早完成作业的弊端,我们可算是一劳永逸了!"妈妈也忍不住笑起来。

在暑假里,妈妈故意没有督促乐乐写作业,而任由乐乐自己安排作业进度。结果,一切果然如同妈妈所预期的那样,乐乐的作业到了开学前夕也没有写完,这让他心急如焚,恨不得不睡觉连夜完成作业,可惜一个人只有两只手,还不能左右开弓。这件事情给乐乐带来的教训是很深刻的,尽管妈妈自始至终一个字都没有提醒或者批评乐乐,但是,乐乐在假期再次到来的时候,牢记着当初的教训,为此决定先完成作业,再好好去玩。当然,这样的安排是合理的,也避免了乐乐因为开学了还没有写完作业而尴尬。

可怜天下父母心,父母为了孩子,不但要多唠叨,也要学会任由孩子撞到南墙上去,从而让孩子得到切实的教训,也真正长经验。很多孩子对于短暂的时间可以做到合理规划和安排,对于很长的自由时间反而失去了准头,总觉得时间还有很多,做什么事情都不着急,渐渐地就让自己陷入了被动状态,无法成为时间的主宰。父母要想帮助孩子形成珍惜时间的意

识，如果一味地说教没有作用，就要让孩子切身体会到浪费时间的严重后果，亲自承担浪费时间的责任。唯有如此，他们才会对珍惜时间有更清醒的认知，才会把握每一分每一秒，对自己的生命负责。

学会使用思维导图，思路更清晰

当事情很多的时候，孩子们就很难在千头万绪之中整理出秩序来，区分清楚轻重缓急，因此他们就会变得很混乱，做事情的时候顾头不顾尾，总是很难把事情都做好。有些时候，孩子因为不能正确取舍，还会导致自己在做事情的时候本末倒置，做好了无关紧要的小事，却忽略或者错过了解决大的事情。不得不说，这样的结果是很糟糕的，也是让孩子们感到抓狂的。

在学校里学习新课程的时候，等到期末复习阶段，孩子们面对一个学期堆积的新知识，会突然惊觉自己对于这些知识都很陌生。这种情况下，应该怎么办呢？没关系，只要学会使用思维导图，孩子们的思路就会更加清晰，对于知识点的整理就会更有效率，学习的效果也会成倍增长。

思维导图就是树形图，用途非常广泛。有中心的知识点，有主干，有分支。即使是厚厚一本书的内容，也可以通过思维

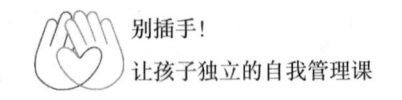

导图的方式进行总结和概括。当然，绘制思维导图不是一件简单容易的事情，要求孩子们对于所学习的知识有总的认知和把握，这样才能对知识进行整体布局。很多时候，孩子们不知道如何使用思维导图，但是在看到思维导图的时候会觉得很新鲜。实际上，思维导图就是一张帮助孩子们记忆和掌握知识点的图形，以图像的形式把知识点更加形象地表现出来，有助于加深孩子们的记忆。

在绘制思维导图之前，孩子们要熟悉知识点和内容，也要知道自己的学习任务是什么，而不要零碎地把知识点往思维导图上填充，否则总会有遗漏的地方。每当复习的时候，父母看着孩子紧张忙碌地学习，往往很心疼。虽然父母不能代替孩子学习，但是只要父母给予孩子更多的帮助和引导，孩子们在学习方面就会有更好的表现。

当然，没有什么事情是一蹴而就的。因此父母对于孩子的教育问题不要急功近利，也不要急于求成，而要尊重孩子成长的节奏，耐心等待孩子成长。凡事都有一个过程，要遵循由易到难的原则，先是让孩子绘制简单的思维导图，接下来再让孩子加大难度。在这样的过程中，孩子才会找到自信，认为自己是不断进步的，从而有更好的表现和更加快速的成长。

第9章
让孩子树立时间意识，养成时间管理的思维

分清楚事情的轻重缓急

这个周末，妈妈要带着乐乐去吃喜酒，因为舅舅家的大表哥要结婚啦！其实，爸爸和爸爸家里的亲戚都很多，但是因为年轻人选择结婚的日子不在周末，所以通常都是妈妈和爸爸去吃喜酒，乐乐要上学，不能参加。这一次，舅舅家里特意把大表哥结婚的日子定在周末，就是希望孩子们也都能跟着乐呵乐呵。

早晨，乐乐早早起床开始写作业。到了十点钟，妈妈对乐乐说："乐乐，走吧，准备出发了。"乐乐赶紧收拾好作业，开始四处找东西。妈妈等了乐乐一会儿，看到乐乐还没有准备好，忍不住问："乐乐，你在干吗呢？你不想早点儿去和小朋友们玩吗？"乐乐说："我在找东西，周一需要带去学校用的。"妈妈啼笑皆非："今天才周六，东西要周一才带去学校，而现在我们着急出门参加婚宴，你觉得有必要非要现在找吗？"乐乐不好意思地摸了摸后脑勺，说："妈妈，你这么一说，我觉得是不用着急的，因为我现在不需要用这个东西哈！"妈妈说："当然，你当务之急是要赶紧准备好，我们都等着你出门呢！"乐乐赶紧加快速度穿上外套和鞋子，和爸爸妈妈一起出门了。

很多孩子做事情都没有什么头绪，他们也许手里正在做着一件事情，脑子里突然蹦出另外一件事情，因而也就会去想另外一件事情，而把正在做的事情忘记了。这是因为孩子的思

151

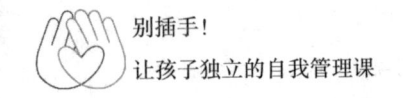

维跳跃性比较大，连贯性相对差一点。面对孩子这样的表现，父母无须指责，而应意识到这是孩子的身心发展特点和思维特点，最重要的是引导孩子把所有的事情都整理出先后顺序，从而有条理地安排。

通常情况下，根据事情的轻重缓急，可以把所有的事情分为四类：重要且紧急的事情；紧急但不重要的事情；重要而不紧急的事情；不紧急也不重要的事情。毫无疑问，孩子们要首先做好第一类事情，这样，才能处理好重要且紧急的事情，避免耽误事情。接下来，要做紧急但不重要的事情，虽然事情不重要，但是很紧急，这就是说事情是不能耽误的，为此要全力以赴去做好。接下来，做不紧急但重要的事情，这类事情紧急程度没有那么高，但是很重要，为此，在时间充裕的情况下一定要认真细致地做好。最后才是不重要也不紧急的事情，这些事情可以做也可以不做，有时间就做，没有时间可以彻底放弃不去做。整理清楚这个顺序，孩子们在做事情的时候就不会颠三倒四、本末倒置，也可以保证优先处理好那些紧急且重要、不容出差错的事情。

上述事例中，去喝喜酒就是当下重要且紧急的事情，容不得耽搁，而找到周一要带到学校的东西，就是重要但不紧急的事情。当然，随着时间的流逝，重要但不紧急的事情也会变成重要且紧急的事情，例如，到了周一早晨即将去学校的时候，乐乐如果还没有找要带去学校的东西，那么就要赶紧去找，片

刻也不能耽误，否则就会迟到。当然，对于很多重要且紧急的事情，我们不应该拖延，而是应该尽量在时间充足的情况下提前做好。所谓未雨绸缪，就是先作打算和准备，这样才不至于被时间追赶着，导致手忙脚乱。

当然，孩子的人生经验有限，对于生活中的很多事情，他们尚未掌握评价和判断的标准。当看到孩子手忙脚乱的时候，父母可以帮助孩子分析哪些事情是当下必须做的，哪些事情是可以稍微晚一点再去做的，哪些事情是不值得浪费时间和精力去做的。这样一来，孩子们就能渐渐地学会区分清楚事情的轻重缓急，也可以把很多事情都做得更好，让自己成长更快。

周末也要合理利用

这个周末，乐乐过得很混乱，先是和爸爸妈妈一起去参加了舅舅家表哥的婚礼，周日早晨又因为头一天晚上睡得太晚而没有按时起床，一直睡到中午时分。起床之后，洗漱、吃饭，结果到拿起书本做作业的时候，已经到了下午两点钟。而乐乐之前只是周六早晨做了很少一部分的作业，所以时间还是很紧迫的。周日晚上，乐乐写作业到九点钟，才勉强把作业写完。妈妈看到乐乐如此慌乱的样子，对乐乐说："作业没有安排好吧！时间是有限的，用在这里就不能用在那里，其实妈妈周五

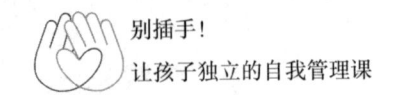

下午就已经提醒你要安排好时间了，因为参加婚宴就要占据一天的时间。但是你周五晚上和平时周末一样玩耍，没有提前写作业。以后如果周末有大型活动要参加，周五下午放学就要写作业，明白吗？"乐乐也知道自己的时间安排有偏差，因此连连点头，丝毫没有表示反对。

很多孩子一到了周末就放羊了，变成纯粹自由状态。其实，周末的时间看似有两天，但一旦有需要占据长时间的活动要参加，时间就会锐减，少得可怜。当然，有些孩子拖延症比较严重，即使没有大型活动要参加，他们也会磨磨蹭蹭，不能加快速度。实际上，所谓周末并非是用来睡懒觉的。在周末，孩子们可以适当多睡一会儿，但是不能把整个半天的时间都睡过去。例如，平日里六点半起床，周末可以七点半起床，至迟不要晚于八点钟。若睡到日上三竿再起床，整个半天的时间就过去了，下午随便做点儿事情，一天就会悄然流逝。不要把一天变成半天，这是过周末的首要原则。

早晨起床时间得以保证，孩子们对于周末的安排和计划才能得以实现。通常情况下，人们总觉得做成一件事情需要很多必备的条件，认真想想就会发现，不管做什么事情，时间都是必不可少的的资本。因此，周末的一切计划和安排，都要在有时间的基础上去执行和实现。也许有些孩子觉得，周末本来就那么短暂，就不需要去计划了吧。其实不然。越是短暂的时间，越是容易蒙混过去，只有进行细致周密的计划，才能按部就班地做好该做的事情。当然，如果这个周末本来就是计划用来漫无目的地发呆，则另当别论。

很多孩子都有错误的理解，觉得周末两天就是要完全放下学习，彻底放松。其实，周末不应该是学习的中止，而应该是学习的衔接和过渡。如果孩子一直都在学习，那么所学习到的新知识很难被消化掉，因此需要周末的时间来对于一周的学习进行回顾和总结，这样才能休养生息、养精蓄锐，为接下来即将开展的学习活动奠定良好的基础。学习是一件需要长久坚持和进行的事情，不能涸泽而渔，而要坚持可持续性发展的原则，劳逸结合，这样才能张弛有度，效率倍增。

当然，周末无须完全都在学习，而忽略了休息的含义。在引导孩子制订周末计划的时候，父母要坚持的指导原则就是：张弛有度，劳逸结合，生动有趣，身心放松。遗憾的是，如今很多父母望子成龙、望女成凤，恨不得孩子马上就能获得成功，摇身一变成为成功者。实际上，成功从来不会一蹴而就，更不是随随便便就能得到的。每一个人在真正获得成功之前，都付出了长久的努力和决绝的坚持，正如一首歌里所唱的，"不经历风雨怎能见彩虹，没有人能随随便便成功"。对于孩子来说，同样要非常勤奋和努力，才能有所进步，才能证明和实现自身的伟大价值!

第 10 章

培养孩子的自制力，管理好情绪才能管理好心情

对于每个人而言，真正走向成熟的标志之一，就是具有自控力。很多孩子的自控能力很差，不能很好地掌控自己的情绪，因此，他们常常陷入莫名的焦虑、紧张、抑郁的情绪之中，导致自己失去控制，也使得自己的内心变得越来越彷徨。作为父母，我们要引导孩子培养和增强自控力，因为，孩子唯有管理好情绪，才能管理好心情，才能更快乐地成长。

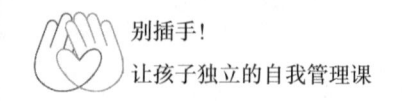

管理好情绪，才能驾驭自己

有一天傍晚，卡耐基从外面匆匆忙忙回到办公室，交给秘书莫莉一个演讲的题目，对莫莉说："明天我要去演讲，帮我准备资料。"当时，距离下班只有半个小时的时间，莫莉原本正在看报纸等着下班，这下子赶紧放下报纸，开始准备材料。她急急忙忙准备材料，终于在下班之前，把一切都搞定。她把演讲材料放到卡耐基的办公桌上，就赶紧离开了。

次日，卡耐基拿着演讲材料走上讲台，开始演讲："关于如何提高奶牛产奶量的问题……"他的话音刚落，台下就一片哄笑。卡耐基这才意识到自己读的材料和当日的演讲题目根本没有任何关系。他随机应变，放下材料开始即兴演讲，很快就把听众们带到演讲的正题上，最终让演讲圆满结束。中午时分，卡耐基结束演讲回到办公室，莫莉问卡耐基："先生，您今天的演讲很成功吧？"卡耐基笑着告诉莫莉："也可以理解为成功……我一张口，台下就轰然大笑……"莫莉听出卡耐基话里的言外之意，问卡耐基："演讲有什么不顺利的吗？"卡耐基把演讲材料递给莫莉，莫莉看到之后很羞愧，赶紧向卡耐基道歉："卡耐基先生，对不起，我保证以后再也不会犯这样的错误。"卡耐基宽容地说："没关系，下不为例。不过我还

第10章
培养孩子的自制力，管理好情绪才能管理好心情

要感谢你，因为你的错误让我发现原来我即兴演讲的能力这么强。"从此之后，莫莉再也没有犯过这么低级的错误。

在这个事例中，莫莉因为着急下班，把卡耐基先生的演讲材料弄错了，导致卡耐基先生当众出丑，闹了个大笑话。换作别人，一定会大发雷霆，说不定一气之下还会把莫莉辞掉。但是卡耐基先生没有对莫莉过分指责，而是控制好情绪，以开玩笑的口吻提醒莫莉下不为例。这样的宽容，反而让莫莉更加深刻反思自身的错误，从而彻底改正。这就是善于控制情绪的人富有的强大魅力，他们能够诲人于无形，能够以人格魅力影响他人。由此可见，真正的强者是能够控制自己的人，是可以驾驭和掌控自身情绪的人。

作为著名的成功学大师，卡耐基曾经说过，每个人在生命中面对的首要任务就是管理好自己的情绪，因此，情绪的管理也是人生中的第一管理，只有管理好情绪，人们才能主宰和驾驭自己，才能真正地掌控人生。古今中外，无数的成功者之所以能够获得成功，未必是因为他们有过人的天赋，更多的是因为他们能够操控情绪，成为情绪的主宰，所以他们才能变得更有魅力，才能成为真正的人生强者。很多人熟读《三国演义》，对于诸葛亮非常崇拜，而诸葛亮之所以能够谈笑风生、舌战群儒，就是因为他有极强的情绪自控力。为此，不管在怎样的情境中，他始终都能表现得胸有成竹，也始终都能表现出杰出的才华。

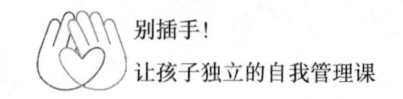

一个人，唯有心理健康，才能控制自己的情绪和行为，才能对自己的言行举止负责任。心理学家经过研究发现，愤怒会使人的智商瞬间降低，使人被激动的情绪冲昏头脑，根本不可能作出理性的决定。因此，最重要的就是掌控情绪，唯有如此，才能始终保持理性，也唯有如此，才能最大限度发挥自己的聪明才干，让自己做出更加伟大的事业，建立更好的人际关系。正如一位名人所说的，每个人最大的敌人就是自己。任何时候，我们都不要轻易向自己缴械投降，而要勇敢地激发自身的能量，让自己更加有主见，更加有的放矢地把握和掌控自己，从而全力以赴，去赢得人生中最大的成就和最伟大的成功。

理性消费，不被金钱和物质所奴役

米奇是家里的独生女，虽然家境很普通，父母只是普通的工人，但是父母总是无条件地满足米奇的各种欲望和需求，渐渐地，米奇养成了乱花钱的坏习惯。她才上小学四年级，就有上百的零花钱。其实，这些钱是妈妈担心米奇中午在学校吃不好饭，给米奇用来买零食的。然而，米奇很爱美，她没有把钱用来买零食，而是买了一支漂亮的口红。直到老师打电话告诉妈妈要管好米奇，不要让米奇化妆，妈妈才了解到米奇的作为。

第 10 章
培养孩子的自制力，管理好情绪才能管理好心情

随着不断成长，米奇对于美的追求越来越没有限度。每次看到班级里有同学穿了漂亮的衣服，米奇就会央求妈妈给她买。有一次，为了买一双心仪的鞋子，米奇还偷了妈妈的钱，先斩后奏。眼看着米奇的消费欲望越来越强烈，而且有无法控制的趋势，妈妈决定紧缩银根，再也不给米奇那么多零花钱。然而，由俭入奢易，由奢入俭难。米奇的物质和金钱欲望，岂是那么容易控制的呢？

在这个事例中，爸爸妈妈对于米奇的教养方式从一开始就是错误的。他们家境普通，却对米奇的欲望无限度满足。渐渐地，米奇对于金钱和物质的追求越来越没有限度，也不能做到节制欲望、理性消费。不得不说，米奇这样的消费行为和消费习惯是很糟糕的。而当父母意识到这个问题，想要控制米奇，让米奇回归理性消费的时候，米奇已经习惯了肆无忌惮地花钱，很难控制好自己。由此可见，父母一定要从一开始就掌控好孩子的消费行为，培养孩子良好的消费习惯，而不要让孩子对于金钱和物质的欲望越来越严重。

现实生活中，很多父母都对孩子的需要无限度满足，也因为对孩子的骄纵宠溺而竭尽所能地给孩子更多的金钱和更丰富的物质条件。殊不知，若孩子索求无度，他们就很难了解父母挣钱的辛苦，渐渐地，他们对于金钱的需求会更大。人的欲望是无底的深渊，父母一定要从孩子小时候就有效引导，这样才能让孩子理性消费。当然，孩子的自控能力原本就很差，因

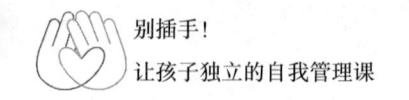

此，父母在教育孩子、帮助孩子树立健康消费观念的过程中，一定要更加用心，更加有的放矢地引导孩子，这样才能让孩子学会控制自己，坚决抵制诱惑。

首先，父母要让孩子学会自控，给予孩子适度的监督和正确的引导。孩子的自控能力原本就很差，如果父母对孩子缺乏监管，孩子就会越来越放纵自己。父母固然要信任孩子，但不要把控制的目标完全交给孩子去实现，如果父母觉得不能强行控制孩子，也可以耐心引导孩子作出取舍，这样，孩子才能渐渐地增强自控力，学会理性思考。

其次，父母要培养孩子的感恩之心，让孩子知道父母的钱是辛苦挣来的，而不是大风刮来的。很多孩子花父母的钱从来不心疼，因为他们不懂得体谅父母的辛苦。父母不要总是什么也不问就给孩子很多钱，而要告诉孩子一粥一饭来之不易，一分一厘都是父母用汗水换来的。孩子只有理解父母辛苦工作的苦衷，才能给予父母更多的理解，才会控制自己，不再乱花父母的钱。

最后，当孩子对于很多物质都产生欲望、想要得到的时候，父母可以帮助孩子分析，做出取舍，进行合理消费。孩子对于很多物质的喜爱都是一种冲动，也许，过了冲动的时刻，他们就没有那么想要得到。父母最重要的不是压抑孩子的消费冲动，而是帮助孩子理性分析和取舍，这样，孩子才能学会思考，才知道哪些东西是自己应该拥有的，哪些东西是自己不应

该奢望的。如此一来,渐渐地,孩子就可以控制内心的冲动,也就可以全力以赴地做好自己。归根结底,孩子在人生的道路上会面对很多的诱惑,只有真正战胜诱惑,抵制冲动,他们才能控制好自己,真正驾驭和主宰自己。

在这个时代里生活,每个人都离不开金钱,都要依靠金钱的助力作用才能更好地生活。一个人如果一味地臣服于金钱,成为金钱的奴隶,就会受到金钱的奴役,就会被金钱驾驭和驱使。只有真正地成为金钱的主人,主宰和掌控金钱,才能让金钱为生活服务,才能利用好金钱。孩子在一生之中都免不了要与金钱打交道,父母要尽早培养孩子正确的金钱观和消费观,如此,孩子才会理性面对人生,从容享受人生。

不要被愤怒冲昏头脑

1965年秋天,纽约举行了世界台球比赛,每一个参赛选手都为了获得冠军而拼尽全力,努力角逐。在众多的选手之中,路易斯遥遥领先,他只需要和另外一个选手决一胜负,就能获得冠军。而且,路易斯胜券在握,根本不把对方放在眼里,因为对方与他实力悬殊。然而,让谁都想不到的是,最终,路易斯不但失去了冠军的席位,而且失去了生命。这到底是为什么呢?

人们常说人生就像一出戏,但是对于胜券在握的路易斯而言，这出戏的剧情也实在反转得太严重了。一切的转折点，源自一只苍蝇。决赛当天，路易斯正准备发球的时候，有一只苍蝇落在主球上。路易斯不以为然，抬起手把苍蝇赶走。然而，苍蝇就像是在和路易斯开玩笑一样，当路易斯俯下身体再次准备击球的时候，它再次落到主球上，路易斯只好再次起身驱赶苍蝇。看起来，这次路易斯的情绪没有那么平静了，他在激励自己。正当他回身准备再次击球的时候，苍蝇又落到主球上，这次路易斯感觉糟糕透顶，当即用球杆去驱赶苍蝇，不想却因为动作幅度过大，导致触动主球，使得主球被触发。这样一来，路易斯失去了一次发球的机会，他的内心变得非常狂躁和愤怒，导致被对手占据先机。就这样，原本实力大不如路易斯的对手获得了冠军，而路易斯因为无法承受失败的打击，选择投河自尽，结束了自己的生命。

谁能想象，一个世界级比赛的冠军级选手，因为一只苍蝇就与冠军失之交臂，并且失去了宝贵的生命呢？路易斯的命运就因为一只苍蝇而出现了转折，他不是败给了苍蝇，而是败给了自己。如果他能够淡定一些，看到苍蝇就去驱赶，而不是在极度愤怒的情况下用球杆去击打苍蝇导致失去了一次发球的机会，他就不会失败得这么惨。我们在任何时候都要保持情绪平静，这样才能让自己更加理性从容，才能避免被愤怒冲昏头脑。

《三国演义》中，周瑜在被气得吐血而亡之前，说了一句"既生瑜，何生亮"，可以说，他是被诸葛亮活活气死的。当

然，诸葛亮纵然有通天的本领，也很难把一个人活活气死，周瑜真正的死因是心态不好，怒气太大。古人云，气大伤身，情绪问题不但关系到心理健康，而且关系到身体健康。每个人都要学会控制情绪，这样才能够驾驭自己，孩子也是如此。

遗憾的是，现实生活中，人人都会遇到不如意的事情，也都会出于各种各样的原因而失去理性。尤其是孩子，对于情绪的掌控能力本身就很弱，情绪也很容易起伏不定，因此，父母一定要引导孩子控制好情绪。当然，有些父母本身就容易情绪激动，在与孩子相处的过程中，很容易以激动不安的情绪给孩子带来负面影响和作用力，在这种情况下，父母要先改变自己，调整好情绪，这样才能以身作则，给孩子树立好的榜样和作用。

此外，父母还要告诉孩子发怒的危害。很多孩子都不知道愤怒对于人身体的危害性，为此常常会陷入愤怒的状态之中无法自拔。其实，愤怒不但是一种情绪，也会对人的身体产生一定的危害和严重影响。当孩子意识到发怒的严重后果，也亲自承担了发怒的责任之后，他们就能主动学习控制情绪。父母在发现孩子情绪波动的时候，不要指责孩子，而要学会耐心倾听，这样才能给予孩子情绪宣泄的渠道和途径，才能帮助孩子恢复平静。每个孩子都是独立的生命个体，都有自己的脾气秉性，作为父母，我们要了解孩子的心理状态，也要洞察孩子的内心和情绪变化。当孩子极其愤怒的时候，父母可以有的放矢地引导孩子释放怒气，帮助孩子转移注意力，这都是行之有效

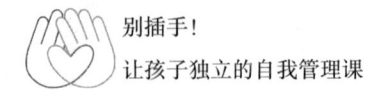

的方法，都有助于孩子尽快控制好情绪。总而言之，人生中有很多事情都是无法避免的，也不会完全跟随人的心意去发展。在未来的人生道路上，孩子将会遇到很多的艰难坎坷，父母一定要引导孩子认真理性地面对，这样才能助力孩子更好地成长，让孩子更多地感受幸福与快乐！

让孩子学会保持理性

最近，薇薇从出国回来的舅舅那里得到了一支派克钢笔。薇薇非常喜欢这支钢笔，据说这支钢笔的笔头是纯金的呢！她每天上学都会带着这支钢笔，还把这支钢笔展示给好朋友看。听说薇薇有一支纯金的钢笔，同桌也很想一睹真容，为此他问薇薇："薇薇，可以把钢笔给我看看吗？"薇薇马上拒绝："你还是别看了，你这么调皮捣蛋，万一弄坏了怎么办？"然而，薇薇越是不愿意给同桌看，同桌越是好奇，几次三番要求看薇薇的钢笔。

一天下午，上体育课的时候，同桌因为不小心扭伤了脚，不能继续上体育课，所以回到教室休息。正是这次体育课之后，薇薇回到教室发现自己的钢笔不见了，她马上想到一定是同桌偷了钢笔，为此，她指责同桌是小偷，同桌坚决否认，他们俩居然打了起来。这件事情惊动了老师，同桌也非常委屈，

第10章
培养孩子的自制力，管理好情绪才能管理好心情

哭个不停。薇薇坚持说是同桌偷了她的钢笔，无奈之下，老师只好把双方家长也叫来一起解决问题。妈妈得知薇薇丢了钢笔，很心疼，也很着急，但是，在没有任何证据的情况下，就指责是同桌偷了钢笔，这显然不可取。因此，妈妈对薇薇说："薇薇，你不能确定是同桌偷了你的钢笔，仅凭猜测就这样指责他人，是不对的。"薇薇还是很激动，妈妈只好先帮助薇薇恢复平静，并且代薇薇向同桌和同桌的父母道歉。后来，妈妈帮助薇薇一起找钢笔，还回到家里四处寻找，这才发现，薇薇昨天晚上整理书包的时候，忘记把钢笔装进书包了。这件事情给了薇薇深刻的教训，让薇薇知道任何时候都不能随意揣测和指责他人，最终，薇薇真诚地向同桌道歉。

任何时候，事情都不是只凭推测就能盖棺定论的。即便是孩子，也要为自己的言行举止负责，在与同学相处的过程中发生矛盾的时候，一定要保持理性和冷静，而不能总是肆无忌惮地猜测同学。换言之，哪怕有足够的理由去推理，在没有证据之前，也不要对他人妄下定论。当然，孩子的情绪原本就很容易冲动，而且他们很容易陷入激动的情绪之中，为此，父母要引导孩子合理控制情绪，也要教会孩子理性面对很多事情。毕竟，孩子还小，如果形成了爱冲动的坏习惯，未来长大之后，面对变幻莫测和纷繁复杂的人生时，很容易就会导致恶劣的结果。

当然，父母要教会孩子冷静理性，不是简单训斥孩子几句就能做到的。首先，父母要言传身教。只有父母在遇到事情的

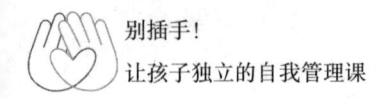

时候很冷静，孩子才会受到父母的影响，也能保持冷静。如果父母本身就是咋咋呼呼的人，在遇到不顺心的事情时常常情绪崩溃、歇斯底里，那么孩子无形中就会受到父母的影响，根本无法保持冷静和理性。其次，父母可以引导孩子做一些需要慎重思考的事情，如下棋。在下棋的过程中，孩子的思维得到锻炼、智力得到开发，可以从中获得很多的乐趣，还会在棋局进入关键时刻的时候养成冷静思考的好习惯。除了下棋之外，诸如练习书法、学习演奏乐器等，都是能够帮助孩子修身养性的好方式。

此外，还要培养孩子平静的心态。很多孩子都缺乏平常心，他们过于看重得失，过于强调输赢，因此在面对很多事情的时候都会犯急功近利的错误，总是迫不及待地想要获得成功。殊不知，越是急于求成，反而不能如愿，只有淡然面对，尽人事听天命，才能水到渠成，获得好的结果。心态平静的孩子，在遇到紧急的情况时，能够保持冷静的思考，然后再开始行动。所谓谨言慎行，三思而行，说的就是这个道理。否则，只凭一腔热血，只凭冲动，是根本不可能把事情做好的。为了孩子的健康成长，为了孩子将来能够拥有美好的人生，父母一定要耐心对待孩子、引导孩子，这样，孩子才会更加理性从容，才会在人生中有更好的表现。

第 10 章
培养孩子的自制力，管理好情绪才能管理好心情

面对诱惑，孩子要怎么做

有个男孩特别爱吃糖果，因此，平日里妈妈根本不敢买糖果放在家里，因为男孩已经有好几颗蛀牙了。只有到了逢年过节的时候，妈妈才会买一些糖果放在家里，给家人吃，也用来招待客人。眼看着春节又要到来，妈妈买了一大罐巧克力糖果放在家里，男孩馋极了。

有一天，妈妈正在打扫房间，男孩先是按照和妈妈的约定从罐子里拿出几颗糖果，后来想到妈妈也不在旁边，索性多拿一些。为此，男孩把手伸进去罐子里抓了一大把糖果。然而，当他想要把手拿出来的时候，怎么也拿不出来。原来，罐子的口太小，而他的手因为抓满了糖果，超过了罐子口的大小。男孩很着急，又不想放下糖果，为此哭了起来，妈妈闻讯赶来，看到男孩被卡在罐子口的手，问男孩："你之前能把手拿出来吗？"男孩点点头。妈妈又问男孩："那么，你知道自己的手为何现在拿不出来了吗？"男孩看着妈妈，不知道如何回答。妈妈说："你放下糖果试试？"男孩放下糖果，顺利把手拿出来了。妈妈又对男孩说："那么，你再拿几颗糖果试试。"男孩和以往一样拿了几颗糖果，手果然也可以取出来。妈妈语重心长地对男孩说："糖果虽然好吃，也不能吃太多，否则牙齿就会被虫子吃掉。糖果虽然好吃，也不能一次拿太多，否则手就无法从罐子里拿出来了。每次只能拿几颗糖果吃，好吗？"

169

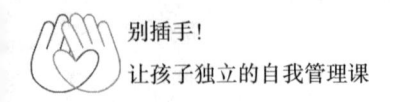

男孩点点头，若有所思。

孩子总是会面对很多诱惑，对于年幼的孩子而言，糖果的诱惑是他们很难抵抗和战胜的。其实，不仅孩子会面对诱惑，成人在这个社会上生存，也会面对形形色色的诱惑。最重要的是要战胜诱惑，这样才能让自己有更好的成长。人的心总是贪婪的，想要得到的东西很多，但是人从来不可能得到一切自己想要的东西，最重要的是，一定要控制好自己的欲望，这样才能成为欲望的主宰，才能成功地驾驭人生，获得梦想中的成功。人一旦沦为欲望的奴隶，就会失去独立自主的思考，就会在不断成长的过程中迷失，可想而知，这对于孩子的成长是很糟糕的，也是让人无奈的。

古今中外，无数成就大事的人，从来不会随心所欲地做各种事情，相反，他们尽管身居高位，有着很大的权力，却从来不会放纵自己，而是会努力控制好自己，让自己有的放矢地在人生的道路上努力前行。德国大名鼎鼎的诗人歌德曾经说过，一个人如果游戏人生，必将一事无成。由此可见，每一个人要想获得成功，就要有所节制，就要有所约束。只有在诱惑面前能够坚定不移地做自己，我们才能真正驾驭自己，才能成为自己的上帝和主宰。那么，父母如何才能培养孩子的自我控制力，让孩子健康成长呢？

第一，父母要引导孩子形成良好的行为习惯，帮助孩子从生活到学习方面都步入正轨。这样一来，孩子只要按部就班去

第 10 章
培养孩子的自制力，管理好情绪才能管理好心情

做，就可以做好自己，也可以让生活与学习都坚持有规律地运转。只要孩子习惯了这样的生活模式，渐渐地，他们就会从需要习惯到自成习惯，坚持当然会变得很容易。

第二，很多孩子因为受到诱惑，总是想要一次把很多件事情都做好，其实人的时间和精力都是有限的，孩子很难做到一心几用，也很难同时把好几件事情做好。与其贪多嚼不烂，不如坚持每次只做一件事，这样就可以集中精力把事情做到更好。这样一来，孩子就会养成专注的好习惯，渐渐地，就会在做事情的时候摒弃私心杂念，把很多事情都做得恰到好处。

第三，父母可以引导孩子进行一些增强自控力的游戏，同时培养孩子的规则意识。当孩子渐渐地养成遵守规则的好习惯，他们就会主动遵守规则，不再会因为受到诱惑就情不自禁地想要打破规则，想要顺从欲望。

第四，父母要为孩子树立榜样，给予孩子积极的引导力量。正如人们常说的，父母是孩子的第一任老师，也是孩子最好的老师。如果父母自身就缺乏自制力，例如，有的爸爸喜欢喝酒，无法控制自己，经常喝得烂醉如泥，或者有的爸爸特别喜欢打游戏，一回到家就玩游戏，可想而知，这样的爸爸是无法成为孩子的好榜样的。每个人都需要约束和控制自己，作为父母，我们只有给孩子树立积极的榜样，才能帮助孩子更好地成长，潜移默化地影响孩子，给予孩子更强大的作用力。

第五，父母要引导孩子学会自我评价。很多人犯错之后根

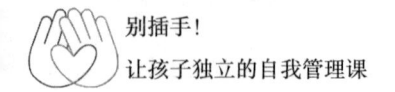

本没有意识到自己犯了错，或者不知道错在哪里，这样一来，他们就无法有效地反思自己，也不可能改正错误。一个人要想积极反省和主动改正，就必须给予自己更好的引导和帮助，而做到这一点的前提是认识到自己的错误，知道自己错在哪里。否则，他就会一直放纵自己，在不知不觉间把错误变得更加严重。当然，很多孩子的自我评价能力发展得还不完善，也因为缺乏人生经验，他们不能深入了解道德规范对人的要求，所以他们常常会在行为中迷失。这个时候，父母要告诉孩子怎么做是对的，怎么做是错的，并引导孩子更加理性地审视自己，更加积极主动地改变自己的行为，这才是最重要的。还需要注意的是，对于孩子的标准，父母要适度把握，既不要给孩子制定过高的标准导致孩子焦虑紧张，也不要因为孩子还小就对孩子要求太低，否则就会放纵孩子，导致孩子无法认识自己的错误。父母要了解孩子每个身心发展阶段的特点，这样才能给予孩子最好的教育和引导，才能帮助孩子有的放矢地进步和成长。

总而言之，孩子的自控力不是朝夕之间能够形成的，要想让孩子抵抗诱惑，勇敢、坚定地做好自己，父母就要对孩子更耐心、更有爱心，唯有如此，父母才能帮助孩子健康茁壮地成长，才能让孩子拥有幸福美好的人生！

适度忍让，是做人的美德

放学回到家里，小明嘟着嘴巴，显得很不高兴。妈妈看出小明情绪异常，问小明："今天在学校，有什么不开心的事情吗？"小明说："我的同桌借我的书看，把书弄坏了，页面都快撕掉了。"妈妈知道小明向来最爱惜书，因此遗憾地说："哎呀，那真的很糟糕，你一定很心疼。"小明点点头，说："我自己都不舍得看的书，却被他撕坏了。借书的时候，他还向我保证一定不会把书弄坏呢！"妈妈问小明："那么，你最终是怎么处理这件事情的呢？"小明说："我很生气，要求他赔给我一本新书。"妈妈引导小明："书完全不能看了吗？他有没有修复书呢？"小明说："他不是故意把书弄坏的，也把书用透明胶粘好了。但是书真的很难看，我无法忍受。"

妈妈抚摸着小明的脑袋，对小明说："妈妈知道你是一个很愿意分享的孩子，经常把书带到学校借给同学们看，或者与同学们交换着看。你同桌未必有那么多钱买书赔给你，如果和爸爸妈妈要，也许会因此被爸爸妈妈批评。如果他被爸爸妈妈批评，会不会抱怨你呢？虽然他把你的书弄坏了，但是他不是故意的，而且已经把书修好了。妈妈觉得，书坏了也没关系，也不影响使用。但是你们是同桌，还是好朋友，如果连这点事情都不能包容，一定会影响你们之间的友谊。"听了妈妈的话，小明陷入沉思，他知道妈妈说的是对的。思来想去，他决

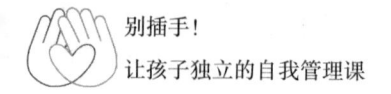

定原谅同桌，不要求同桌赔偿新书了。

孩子们在一起交往，难免会因为各种原因导致彼此之间产生摩擦和矛盾，如果处理方式不当，还有可能使原本的好事情变成坏事情。父母一定要教会孩子宽容大度，这样孩子才能与人为善，与己为善。孩子如果总是小肚鸡肠，遇到一点点事情就无法原谅，总是斤斤计较，就会渐渐地失去好人缘，也会导致自己变得更加孤僻。

忍让，是人生的美德，也是人际相处中必需的润滑剂。一个有涵养的人，不会因为抓住别人的错误就对别人指手画脚，也不会因为自己占据道理就得理不饶人。真正的宽容友善，不是在得到别人的帮助时真心感谢，而是在被别人伤害时能够始终怀着宽容的态度对待别人，也能够尽量忍让别人。唯有如此，才能以德报怨，获得别人的尊重和认可，才能真正与他人之间建立良好的关系。很多孩子会把小事看得很重要，因为他们还没有博大的胸怀，作为父母，我们不要助长孩子的斤斤计较，而要引导和教会孩子更加理性宽容。常言道，退一步海阔天空，其实，孩子在宽容别人的同时，也宽宥了自己。

要想让孩子变得宽容，变得博大，父母要做到以下几点。首先，在家庭生活中不要总是以孩子为中心，避免孩子形成唯我独尊的坏习惯。孩子只有学会友好与家人相处，在与别人相处的时候才会有正确的姿态。其次，当孩子之间发生矛盾的时候，父母不要随便介入，而要让孩子们自己想办法解决，制订

第10章
培养孩子的自制力，管理好情绪才能管理好心情

相处的规则。有些父母特别护犊子，一旦发现自己家孩子吃了一点点小亏，就会马上蹦出来为孩子当家做主，护着自己家的孩子。殊不知，父母这样的行为只会导致孩子变得肆无忌惮，也会让孩子失去好人缘。最后，父母要营造良好的交往氛围，让孩子在潜移默化中学会宽容忍让。在家里，要让孩子学会体谅父母的辛苦，感恩父母的付出；在外面，要让孩子学会尊重他人，也学会换位思考，设身处地理解他人的苦衷和难处。当孩子渐渐习惯了推己及人后，他们就会更加友好，与他人相处的时候也会更加理性，从而受到欢迎。

  一个宽容的人，不但与人为善，因为胸怀博大，自己心中也会天高地远。所谓进一步万丈危崖，退一步海阔天空，为了让孩子的人生更加开阔，父母一定要培养孩子宽容忍让的好品质。

第 11 章

培养各种立身处世的能力,让孩子一生从容

人活一生,从来不容易,父母要让孩子有安身立命之本,就要有的放矢地培养孩子各种处世的能力。任何人都不可能孤立存在于这个世界上,都要生活在人群之中,与身边形形色色的人打交道。孩子虽然小,也是社会中的一员,父母不要觉得孩子小,就忽略对于孩子为人处世能力的培养,而应更加用心地培养孩子,这样,孩子才能不断成长,才能坚持进步。

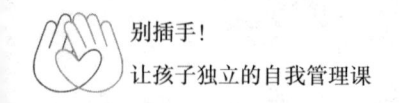

学会应变，人生从容

什么叫应变？顾名思义，就是一个人能够根据周围的情况不断改变，即时调整自己，并且把握自己。真正有应变能力的人，非常自信，他们看到外部的世界不停地转变，却不会因此变得惊慌，相反，他们会始终保持沉着冷静，坚持做好自己该做的事情。就像很多武林高手的武功都已经出神入化，可以做到以不变应付万变，把有招化为无招一样。英国大名鼎鼎的作家笛福曾经说过，人的最高智慧表现之一，就是可以适应外部的环境，从而抵抗外部的威胁，保护好自己，也让自己的表现更加无懈可击。的确，在这个残酷的世界里，一个人只有具备应变能力，才能生存得更好；如果始终不知道如何应对外部世界，也不知道调整自己，就会陷入被动之中，导致生存变得非常艰难和无奈。为此，应变能力对于人的生存是非常重要的。人要想增强应变能力，就要点点滴滴积累，就要身经人生百战。

人生不如意十之八九，这个世界从来不是唯心主义的，而是唯物主义的。孩子在面对人生中很多的不如意时，常常会情绪波动，由此导致自己变得非常被动。实际上，应变能力不是天生的，而是在后天的成长和生活中不断形成的。因此，孩子

们有情绪波动没关系,最重要的是始终保持内心的平静淡然,始终能够全力以赴地做好自己该做的事情,始终能够在人生遭遇困厄的时候保持内心平静,因为这样才能理性思考、从容解决问题。否则,一旦陷入极度的愤怒之中,陷入歇斯底里的状态,人生就会变得非常被动和无奈,也会因此不断地沉沦。

很多父母都非常重视孩子的学习,认为孩子一定要非常努力,才能掌握更多的知识,才会有更好的表现。实际上,对于孩子的成长而言,学习并非唯一且最重要的事情,明智的父母知道,十年树木,百年树人,要想让孩子成才,先要让孩子成人。如果孩子品质恶劣,纵使有再多的才华,又能如何呢?因此,父母不要本末倒置,而要知道如何提升和培养孩子,也要坚持给予孩子人生最根本的优秀品质。

人生中的很多事情,是在我们的计划范围内的,也是我们作好准备要迎接的。然而,人生中的更多事情是突如其来的,一个人即使能力再强,也不可能对于人生的一切都尽在把握中。因此,最重要的是学会随机应变,能够以不变应付万变,这样才能在人生中游刃有余。尤其是现代社会竞争那么激烈,一个人就算能力再强,也不可能把所有事情都掌控在把握之中。孩子在长大成人之后,更是要面对很多的坎坷、挫折与磨难。所以,明智的父母会给予孩子更强大的内心,让孩子对于人生的各种突然事件可以做到兵来将挡、水来土掩。具体而言,父母要努力培养孩子,使其具备下面几项品质。

首先，要让孩子遇到事情保持冷静的思考，维持相应的理智。曾经有心理学家证实，人在盛怒的情况下，很容易导致智商降低，因此，遇到任何事情，保持冷静和理智是当务之急，一旦失去了镇定，就会心慌意乱，就会在不知不觉间作出错误的决定，非但不能圆满解决问题，还有可能导致事情的发展超出意料，甚至事与愿违。

其次，要让孩子在紧急情况下也能作出决定，而且当机立断，绝不迟疑。很多事情都非常紧急，必须第一时间得到圆满的处理和解决，偏偏有些孩子在面对突发紧急情况的时候头脑中一片空白，根本无法控制自己的思想，更无法控制自己的言行举止，更别说作出理性决定了。父母要努力培养孩子的决断力，让孩子有魄力，这样，孩子才能不断成长，最终变得果断。由此，孩子才能抓住解决问题的最佳时机，尽最大的努力把事情做好。反之，如果孩子总是迟疑不定，延误了解决问题的最佳时机，就会因此失败。虽然失败是成功之母，但是我们仍要拼尽全力追求成功。只有在竭尽所能的情况下，失败才没有遗憾，我们才能以失败为阶梯，不断地前进。

最后，父母要教会孩子应付生活中常见突发情况的方法和技巧。虽然很多事情是不可预期的，但是对于普通人的日常生活而言，突发情况不外乎几种。因此，父母可以教会孩子更多的紧急应变技巧，这样孩子才能在情况发生之后当即作出反应，才能争分夺秒解决问题。为了缩短孩子们的应变时间，提升孩子们应变的熟练程度，父母可以对孩子进行模拟突发情况训练，这样一来，孩子就会对那些还没有发生且有很大可能性发生的突然情况做到胸有成竹，也在反复训练的过程中对于应变方法和技巧烂熟于心。这样一来，等到情况真正发生的时候，孩子就不会慌张，而是能够做到临危不惧、胸有成竹。

孩子的成长关系到方方面面，父母对于孩子的教育和引导也要面面俱到，这样才能让孩子得到全面有效的指导，才能让孩子的未来更安全、更值得期待。有些父母觉得孩子还小，在父母无微不至的监管下不会有危险发生，其实，孩子是一个非常危险的因素，因为孩子可以独立行走，而且常常会在父母不注意的情况下做出出人意料的事情，因此，父母的安全防护措施必须更加严密和周到，才能真正对孩子起到最佳的教育和保护作用。所以说，父母不要延迟对于孩子的各种教育，父母能够更早形成意识教育孩子，孩子就能更早地具备安全意识，真正保护好自己。

增强孩子的自我保护意识

孩子们除了要学会应对生活中各种各样客观存在的危险之外，还要学会防范坏人。尤其是现代社会中竞争这么激烈，人心越来越浮躁，也有很多人因为心灵曾经受到过伤害，说不定

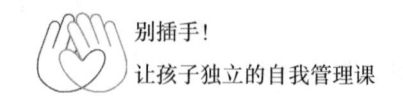

思维就会发生短路，以做出伤害自己和他人的举动。因此，父母在教育孩子的时候，千万不要本末倒置，不要觉得督促孩子学习、让孩子获得更大的进步才是真正急需的教育，而要意识到，教会孩子如何在充满危险的社会环境中保护好自己，才是家庭教育的当务之急。孩子是祖国的未来，是家庭的希望，在任何一个家庭里，孩子都牵动着父母和所有长辈的心。父母最不能看到的就是孩子受到伤害，而很多伤害一经发生就是无法逆转的。因此，父母照顾孩子要防患于未然，不要等到问题发生再追悔莫及。

很多父母觉得孩子小，只是在家里活动，为此就忽略了对于孩子安全意识的培养。其实，一旦孩子可以自由活动，即便只是在家里走来走去，也会遇到很多危险。曾经，有孩子因为打翻了热水瓶而被严重烫伤；有孩子戴着红领巾在家里蹦蹦跳跳，因为不小心跳得太高，把红领巾挂到了窗户的拉杆上，结果被活活吊死；有的孩子因为缺乏监管，玩耍的时候不小心从高高的窗户上、阳台上爬出去，高空坠落而死……对于初生牛犊不怕虎、缺乏安全意识的孩子而言，危险无处不在。因此，父母一则要进行严密的防范，从而尽量保护好孩子，二则要对孩子进行安全教育，教会孩子学会自我保护，这样孩子才有能力照顾好自己。毕竟，终有一日孩子会长大，他们必然要离开父母的身边，独立面对这个世界。为此，对于每一个人而言，唯一可以依靠的就是自己，也只有自己才能照顾好自己。如果

第11章
培养各种立身处世的能力，让孩子一生从容

父母在孩子小时候没有有意识地增强孩子的安全意识，增强孩子照顾自己的能力，那么，等到有朝一日孩子不断成长，走上社会，就会显得胆小怯懦，其自理和生存能力也会很差。

曾经，有相关部门调查了十四岁以下的孩子死亡的原因，结果发现，在诸多死亡原因里，交通事故占据很大的比例。最令人痛心的是，这些交通事故发生的地点很少是在孩子单独外出的过程中经过的地方，而是发生在孩子家附近。这说明什么？在父母自以为非常安全的地方，孩子就这样猝不及防地失去了宝贵的生命，不得不说，孩子的死亡和父母的疏忽大意、不负责任有着密不可分的关系。也有人曾经说过，一个人带孩子反而不容易发生危险，越是有几个人同时带孩子，孩子发生危险的概率反而会增大。这是因为，多人带孩子时，每个人都以为别人正在关照孩子，所以就疏忽大意了。不得不说，这对于孩子而言是非常糟糕的，很多悲惨的事故一经发生，就会让父母后悔不已。也有相当一部分孩子发生意外的时候是在家里——父母认为最安全的地方。由此可见，父母养育孩子一定要警钟长鸣，任何时候都不要放松警惕，否则意外伤害的事故发生概率就会大大增加。

如今提倡素质教育，很多父母误以为所谓的素质教育就是让孩子学会唱歌、跳舞、绘画，减轻学习的压力，把更多的时间用于玩耍、做游戏。这只是素质教育的一个方面，其实，真正的素质教育建立在孩子生命安全的基础上。要想保障素质

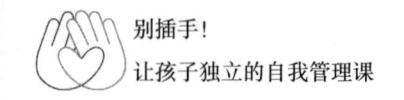

教育，首先要对孩子进行安全教育，引导孩子学会自我保护。几乎每一个父母都望子成龙、望女成凤，希望孩子将来能够出人头地、大有作为，殊不知，生命安全对于每个人都是最重要的。没有生命作为1，人生中的一切收获和得到都会变成0，都会失去存在的意义。

当然，父母也不要为了保证孩子的安全，就花费时间和精力为孩子打造一个安全的环境。这样的环境是只适用于小小的婴儿，而随着不断地成长，孩子的生存范围越来越大，活动半径也越来越大，所以，如果父母只是把孩子关在安全的地方，根本不利于孩子成长。也有的父母担心孩子受到伤害，就对孩子提供全方位的保护，甚至对孩子过度保护。不得不说，父母即使再爱孩子，也不可能永远陪伴在孩子的身边。总有一天孩子会长大，他们要离开父母的保护和照顾，奔向属于自己的人生天地。因此，明智的父母会对孩子适度放手，随着孩子的不断成长，他们的能力越来越强，父母也应与时俱进，对孩子放手，给予孩子更多的机会去努力锻炼，让孩子变得更加坚强和独立。只有让孩子具备自我保护能力，孩子才能畅行人生，才能在人生的道路上走得更远、更平稳。

那么，父母如何才能教会孩子自我保护，让孩子掌握保护自己的方法和技巧呢？

首先，要让孩子保持冷静。越是在遇到危险的时候，越是需要清醒的头脑，若孩子已经被吓得完全乱了阵脚，只能被伤

第 11 章
培养各种立身处世的能力，让孩子一生从容

害，还谈何自救呢？

其次，父母要教会孩子遵守交通规则，保证交通安全。尤其是在大城市里，街道上车水马龙，如果孩子不遵守交通规则，总是随随便便闯红灯，或者在上学、放学的路上和同学们嬉笑打闹，则对于孩子来说就是非常危险的。当然，孩子只是自己遵守交通规则还不够，在过马路的时候，或者在复杂的交通情况下，父母更是要引导孩子学会观察路面上的情况，避免他人不遵守交通规则而造成伤害。

再次，除了自然发生的各种意外和灾害之外，孩子也很有可能遇到坏人。坏人的脑门上没有刻字，孩子若缺乏安全意识，不能及时识别坏人，很有可能会受到坏人的蒙骗或者伤害。在这种情况下，一定要先稳住坏人，不要激怒坏人，以免他伤害自己的性命，接着，要在合适的时机下紧急呼救。很多孩子被坏人要挟时都不敢呼救，导致坏人变本加厉。当然，如果是在人少空旷的地方，意识到自己即使呼救也无法当即得到他人的援助，那么就要采取不同的措施，以免激怒坏人。总而言之，每个人遇到的危险情况都是不同的，即使掌握了基本的自救方式和技巧，也不要盲目使用，而要根据事情发生时的具体情况有的放矢地采取有效的方法解决问题。

最后，父母还要告诉孩子在日常生活中发生概率比较大的各种危险。这样，孩子才能在日常生活和学习中自觉主动地远离危险，才能尽最大努力保护好自己。正如奥斯特洛夫斯基在

185

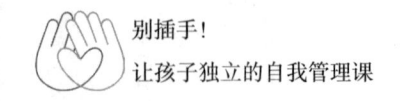

《钢铁是怎样炼成的》中说,人,最宝贵的是生命,对于每个人而言,生命都只有一次。孩子一定要明白生命大于一切的道理,这样才能在遇到各种危险的时候奉行保命原则,保护好自己,让自己远离危险,也增大在危急情况下求生成功的概率。如今,很多小学校、幼儿园等,都会开展各种演习,例如,火灾演习、地震演习等。这说明整个教育系统都把安全保护看得很重要,这是时代的进步,也是社会的发展。父母每天与孩子朝夕相处,更是要把握住生活中各种各样的机会及时对孩子开展安全教育,帮助孩子增强安全意识,掌握安全防护措施,这才是教育的重中之重,也是教育的当务之急。

面对突发事件怎么办

一架飞机正在进行降落前的准备,原本一切正常,却在轮子接触地面的那一刻发生了意外,飞机马上偏离了跑道。因为这个情况是突然发生的,所以不管是飞机驾驶员还是乘务员,抑或是乘客们,没有一个人有心理准备。正当大家都纳闷为何飞机降落的时候震动感这么强烈的时候,机头突然下沉,撞击到地面上。这个时候,一股浓烈刺鼻的味道散入机舱里,还伴随着浓烟,乘客们马上慌乱起来,纷纷叫嚷着:"开门!开门!"还有很多乘客在惊慌之余四处逃散,有些乘客摔倒在

第 11 章
培养各种立身处世的能力，让孩子一生从容

地，遭到踩踏，也有的乘客试图打碎飞机的窗户，然而那些窗户都是超厚的钢化玻璃做的，根本纹丝不动。

情况非常危急，机舱里什么都看不到，也没有人知道飞机到底发生了什么，还有些有高血压的乘客突然间昏倒。如果不能带着大家马上离开情况不明的飞机，就算飞机本身不会发生爆炸，乘客们的惊慌失措也会导致严重的伤亡事故发生。情况的发生猝不及防，前一刻还在飞机里安逸坐好等着平安落地的乘客们，此刻仿佛置身于人间地狱。这个时候，一名经验丰富的空姐摸索到机舱门口，把堵在机舱门口的各种东西都清理走，打开了舱门。在她的带领下，乘客们全都从紧急逃生通道下了飞机，离开充满危险的飞机。大家都得救了，他们惊魂未定，心有余悸，但是他们都很清楚，是那个临危不惧的空姐救了他们的性命。

谁也不知道明天和意外哪个先来。很多时候，成人面对生命中的各种意外尚且觉得措手不及，更何况还没有长大的孩子呢？但是，父母又不可能全天候陪伴在孩子身侧，毕竟孩子要学习，父母也要工作。在这种情况下，教会孩子如何面对突发事件，帮助孩子增强应对突发情况和突发情况的能力，是父母必须做到的，也是父母要排在首位去做好的。

面对各种紧急突发事件，最可怕的就是头脑中一片空白，或者出于各种各样的原因而情绪失控，使得智商瞬间下降。这会让当事人陷入更加被动的状态，非但不能圆满解决问题，反而有可能因为一时激动或者冲动而导致事与愿违。因此，父母要想增强孩子解决问题的能力，就要帮助孩子保持情绪平静。当然，沉着与冷静不但是孩子面对危机事件应有的态度，也能够综合表现孩子的综合心理素质。所以，父母最重要的不是告诉孩子要冷静，而是要想方设法锻炼和提升孩子的心理素质，这样，孩子才会更加从容理性，才能因为身经百战而表现出成竹在胸的样子。事例中的空姐之所以能救出那些幸存的乘客，就是因为她有良好的职业素养，也有沉着的勇气，所以，她才能够在紧要关头作出正确的决定，才能让乘客们得以生还。

一个人要想在各种紧急的情况下保持镇定，就要有良好的心理素质，就要有足够的自信，就要相信自己可以掌控大局，让事情得到有效的控制和解决。相反，如果一个人内心非常胆怯自卑，对于自己也缺乏自信，那么他就很容易陷入迷乱的状态之中，无法有的放矢地解决很多问题。为此，父母要想让孩子保持冷静理智，就要在日常生活中注重培养孩子的自信。只要孩子相信自己的能力，确定自己可以在很多情况下都做到最好，他们就可以沉住气。此外，在日常生活中，在遇到各种突发事件的时候，如果情况不那么严重和危急，父母就要给孩子机会去解决问题，帮助孩子处理好各种情况。很多父母不管遇到什么事情，都会不由分说地想要帮助孩子，为孩子做好一切，解决所有的后顾之忧，殊不知，这样的行为对于孩子而言并不能起到积极的作用。如果孩子从未有过亲自解决问题的经验，他们如何能做到从容不迫呢？所以，明智的父母不会凡事都为孩子代劳，而是会给予孩子更多的机会亲自去锻炼和实践。唯有让孩子得到更多的机会增强自身的能力，孩子才会更加理性果断，也才会把很多事情都尽量做到最好。

父母要避免过度保护孩子，要给孩子更多的机会面对突发情况。当危险发生的时候，也不要一味地让孩子退缩，而要鼓励孩子勇敢去尝试着解决问题。当孩子的胆量越来越大时，在面对人生中很多的艰难处境时，他们自然可以爆发出强大的力量，也可以有效地解决问题。当然，孩子的心理素质并非一下子就能提高的，只有在身经百战、经历各种磨难之后，他们的心理素质才会越来越好，他们才能保持着平常心面对人生中的一切，给予人生更好的对待。

总而言之，不管遇到什么问题，问题都不会自己消失，或者自己解决。一个人在想要解决问题的时候，不管是成人还是孩子，都要保持理性的思考，保持自己的智商水平，这样才能在深思熟虑之后有效解决问题，才能让自己在做很多事情的时候更加圆满。

有些事情要未雨绸缪

很多父母都有这样的感触，那就是以还没有发生的危险情

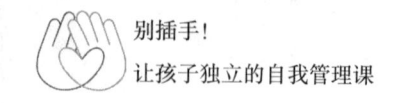

况来增强孩子的安全意识，很难。因为孩子总是会反驳父母："事情又没有像你说得那么糟糕，有什么大不了的。"这样一来，父母即使告诉孩子等到事情发生就晚了，孩子也不会有太深刻的感悟。然而，人生中的很多事情一旦发生，就不可改变，所以，是对于那些糟糕的事情，一定要防患于未然，而不要等到事情发生之后再去后悔和懊丧。

要想让孩子自己明白这个道理，就要让孩子亲身承受没有规避危险的后果，这样孩子才会知道未雨绸缪有多么重要，才会知道，只有事前作好充分的准备，在事情发生的时候才能当机立断作出处理，才能争取到最好的结果。在漫长的人生之中，几乎每个人都会遭遇形形色色的意外，这些意外常常给人带来伤害，也让人无法面对。对此，最重要的不是抱怨，而是增强自己的能力。这样，才能在灾难发生的时候保持好自己，处理好各种事情。如今，有很多学校都会开设安全教育课程，也会经常聘请专家为孩子们进行安全讲座，这些都是为了增强孩子们的安全意识，让孩子掌握求生的必备技能。人生的一切意义，都要以拥有生命为前提。父母在对孩子进行家庭教育的时候，也要以此为原则和前提，适度引导和教育孩子。

通常情况下，孩子们的人生经验很少，从出生起，他们就在父母无微不至的照顾下成长，很少见识到社会的残酷和人心的险恶。同时，孩子好奇心强烈，对于世界充满求知欲，而且很喜欢模仿成人的一些举动，这些因素都增大了孩子在现实生

第 11 章
培养各种立身处世的能力，让孩子一生从容

活中面临危险的概率。为此，父母千万不要觉得孩子还小，活动范围小，就对孩子的安全问题掉以轻心。真正带过孩子的父母会知道，孩子初生牛犊不怕虎，缺乏安全意识，所以更要把安全问题放在首位，警钟长鸣，一旦懈怠，就会给孩子带来严重的伤害。

有相当一部分父母对于孩子的安全问题还不够重视，而有一则数据可以告诉他们孩子的成长伴随着多少风险。如今，每年到了寒暑假的时候，学校里都会下发安全责任书，目的就是提醒父母们不要忽视孩子的安全问题。在我国，每年大概有将近两万名孩子死于各种安全事故，诸如高空坠落、自杀、食物中毒、溺水、在火灾中丧生、交通意外等。这也就意味着每天有大概五十个孩子失去鲜活的生命，这样的数据让人触目惊心。作为父母，我们千万不要等到安全事故发生之后再懊丧不已，而要时刻把孩子的安全问题牢记在心，时刻把孩子的安全问题放在首位去关注、去重点监管。生活中充满了各种各样的不确定因素，危险更是无处不在，对此，父母不要觉得厌烦，而要坚持教会孩子安全知识，告诉孩子在遇到各种危险和极端情况时如何积极地开展自救。

当然，有的时候孩子对于父母的说教会感到厌烦，这种情况下，父母不要就此放弃，而要找到真实的事例来告诉孩子事情的结果有多么严重，从而督促孩子牢记安全常识，这样，孩子在遇到危险情况的时候，才不至于头脑中一片空白，根本

不知道自己应该怎么做。如今，各种报纸、杂志、电视、网络上，有很多这样的事例可以作为教育孩子的案例，父母要多多留心，这样才能及时给予孩子更好的教育。有的时候，身边也很有可能会发生类似的危险情况，对此，父母也要抓住机会对孩子展开教育。

只是让孩子知道安全事故的高发是远远不够的，最重要的在于让孩子重视安全，也让孩子积极主动地掌握关于安全的基本知识。别的地方不说，仅仅说在家里，就有很多安全常识需要孩子掌握。例如，如何安全使用水、电、燃气等，不要攀爬高处的窗户和阳台等。此外，在每天上学和放学的路上，如何安全过马路，如何避免和同学嬉笑打闹，如何避开陌生人。这些都是孩子们要学会的。很多孩子对于水、电、燃气等都特别好奇，又没有安全使用的常识，因此很容易犯错，而触电死亡的案例并不罕见。只有让孩子了解安全知识，也知道危险的所在，孩子们才能有效避开危险，保障自身安全。

其实，在孩子的成长过程中，家和学校还是相对安全的环境。随着孩子不断长大，他们的活动范围越来越大。他们有可能会和同学一起去爬山，也有可能和同学一起出去旅游，还有可能和同学们在一起进行各种危险的游戏。前段时间网络上有这样一则新闻，几个青春期孩子聚集在一起给同学过生日，因为食用沾染毒品的兴奋剂而被警察抓捕。不得不说，这个世界对于孩子充满了诱惑，而孩子的好奇心又那么强烈。作为父

第 11 章
培养各种立身处世的能力，让孩子一生从容

母，我们一定要帮助孩子防范危险，远离危险，保障孩子健康快乐地成长。

当然，正如前文所说的那样，坏人脑门上没有写字。很多孩子因为缺乏甄别能力，往往会上当受骗，甚至误入歧途。为了避免这种情况的发生，父母还要教会孩子如何甄别，判断一个人是好还是坏，或者决定一件事是可以做还是不可以做。尤其是在面对陌生人或者关系不那么亲密、熟悉的人时，孩子更要警惕。当父母告诉孩子安全的边界在哪里后，相信孩子只要坚持，就能够有效保护自己。例如，天色晚了不要一个人在外面逗留，不要和异性去封闭的地点，不要喝酒，导致自己失去自我保护能力，不要轻易和陌生人靠近，不要和陌生人搭讪，不要随随便便帮助他人或者相信他人。记得前几年，有一个护士学校的女孩在校外的时候，被一个孕妇求助。孕妇希望女孩能够帮助自己把很重的水果拎回家，女孩毫无戒备心理，居然同意了。当她把孕妇送到家门口的时候，没有离开，反而接受孕妇的邀请去孕妇家里做客。结果，这个孕妇的目的正是把女孩骗到家里，给她的丈夫泄欲。结果女孩惨遭奸杀。众人在指责这对夫妇的时候，也不由得扼腕叹息：女孩已经十七八岁了，为何没有安全意识，居然进入陌生人的封闭房间里。这正是女孩遇害的根本原因。所以，父母不要只顾着教育孩子要乐于助人，更要提醒孩子帮助别人要有限度，只有先保护好自己，才有机会更多地助人为乐。

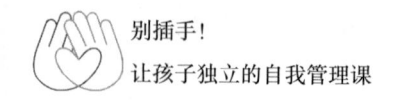

当然，还有很多孩子是因为贪玩、调皮，才导致自己陷入危险之中。其实，爱玩是孩子的天性，越是调皮的孩子越是聪明。对于这样的孩子，父母不要觉得厌烦，而要对孩子更加用心，这样才能全方位照顾孩子的安全。若只顾着禁锢和限制孩子，孩子只会被压抑，而变得更加难以管教。当然，父母也无须过度为孩子的安全担心，只要父母是个有心人，意识到孩子在成长过程中有可能遇到哪些危险，有的放矢地帮助孩子形成安全意识，教会孩子保护自己的方法和技巧，相信在父母和孩子的共同努力下，孩子一定会健康快乐地成长。

如何学会在自然灾害中逃生

大自然有的时候看起来非常美好，把它最温柔和善与美丽的一面呈现在人们面前，有的时候非常可怕，只要一瞬间就会改变面目，对人们非常残酷和无情。每当发生各种自然灾害的时候，人都显得非常弱小和无助，学会在自然灾害中逃生，这是增大生存概率的根本方法之一。不要觉得地震几十年不遇，也许地震会在人们不防备的情况下突然来袭；也不要觉得火灾不是人人都能遇到的，说不定孩子在爬山的过程中就会遇到山火。所谓技多不压身，多懂得一些逃生的知识，总比什么也不知道、只能在灾难面前束手就擒来得好。

第11章
培养各种立身处世的能力，让孩子一生从容

2008年5月12日，四川汶川发生了大地震。这是继1976年唐山大地震之后，中国又一次惨烈的地震。事发当时正是下午，很多成人都在单位里上班，很多孩子都在教室里上课。无数的孩子被掩埋在废墟之下，在这样一场让人心痛的灾难中，有一个学校的学生却全都安全地逃了出来。这个学校一下子出名了。其实，他们只是始终把安全教育放在首位，所以，在地震发生的第一时间里，孩子们能像此前数次进行的地震紧急撤退演习那样撤离教学楼。不得不说，增强孩子的安全意识，培养孩子在自然灾害发生的时候逃生的能力，对于减轻地震带来的伤害是最有效的。很多人不知道地震的发生十分迅速，因此，在地震发生的时候惊慌得四处逃跑，实际上，如果不是在低楼层，根本没有机会跑下来。也有很多人在极度的恐惧下选择跳楼，导致生存的概率更小。如果灾难发生的时候正在公共场合，很多人还会因为惊慌而造成严重的踩踏事故。这些都是地震会引发的次生灾害，只有理性地逃生，才能有效避免伤亡。

除了地震之外，住在海边的人还要预防海啸。印尼曾经发生过海啸，导致死伤无数。这就是人们所说的水火无情。再说说火灾。曾经有调查机构经过统计发现，很多在火灾中丧生的人并不是被烧死的，而是因为惊慌失措，大声哭喊，导致肺部吸入了太多有毒的气体。如果能够选择正确的方式，用被水湿润的毛巾捂住口鼻，俯身低行，则可以减少有毒气体的吸入，也为逃离火灾现场争取到宝贵的时间和机会。

在户外的时候，还会有山火和雷暴。尤其是在夏天，也许前一刻还是阳光明媚，后一刻就电闪雷鸣。很多人在野外没有地方避雨，就会去大树下面避雨，却不知道湿润的大树会引来雷电，致人死亡。打雷的时候，要去建筑物下面避雨，如果是在野外，无处可躲，就要摘掉身上的金属物品，并且到低洼处暂时躲避。尤其不要打电话，否则雷电很容易被引下来。曾经有人在打雷的天气里站在屋子里的窗户边打电话，结果被雷电击中而亡。

这些，都是自然界里各种各样的意外和灾难。父母一定要告诉孩子在家里、学校，以及野外有可能遇到哪些危险，并且告诉孩子如何躲避这些危险。能够防患于未然当然更好，如果不幸，还是发生了意外，也要告诉孩子如何进行急救或者自救。在下雨的天气里，在山路上行走，还要特别小心防范泥石流。泥石流的发生是严重的自然灾害，会导致严重的后果。如果是在车子里被困住，那么要及时摆脱车子，去往高处，否则很有可能被泥石流淹没。

总而言之，危险无处不在，每个人要想生存下来，就要战胜这些危险，绝不能随随便便就向危险缴械投降。只有做坚强的自己，做到自立自强，孩子们才能在成长的道路上一路向前。作为父母，我们一定要当好守护孩子的天使，不但要帮助孩子消除危险，还要告诉孩子如何避免危险。这样孩子才能更好地做自己，才能获得真正的成长。

第 12 章

脚踏实地,让孩子在生活的点滴中学会独立

新生命从呱呱坠地的那一刻起,就开始了漫长的成长过程。新生儿非常孱弱,无法独立生存,只有依靠父母无微不至的精心照顾,才能存活下来。然而,随着不断地成长,他们的能力越来越强,他们的成长步伐越来越快,渐渐地,他们羽翼丰满,要离开父母的身边独立生存。为此,台湾作家龙应台说,要想让孩子长大之后如同蛟龙出水大显身手,父母就要在抚养孩子成长的过程中循序渐进地引导孩子走向独立。否则,总是依赖父母的巨婴,是不可能拥有自己的精彩人生的。

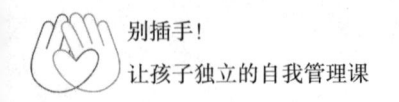

给孩子自主选择的权利

乐乐要上初中了,他的学习成绩在班级里属于上等水平,但不是尖子生。每次考试,他都在十名上下波动。有一次,他在期中考试中居然取得了综合成绩第一的好成绩。这让原本对于乐乐去哪里上初中的问题相对淡定的妈妈激动起来,问爸爸:"我觉得,乐乐要是好好冲刺一下,说不定能考取重点初中,你觉得要冲一下吗?"爸爸说:"之前不是告诉他要上学区内那所还不错的初中吗?现在如果改变计划,要和他商量,而且要尊重他的意见,如果他不想冲刺,咱们瞎起劲干吗呢!"妈妈觉得爸爸说得很有道理,但是也担心乐乐会因为畏难而不愿意冲刺,为此叮嘱爸爸要大力劝说乐乐。

这个艰巨的任务让爸爸觉得压力山大。思来想去,爸爸确定了一个基本原则,即乐乐才是学习的主体,对于学习起到决定性作用。爸爸以此为方针,在和乐乐沟通之初就营造了很轻松民主的氛围。爸爸问乐乐:"乐乐,你觉得这次期中考试成绩怎么样?"乐乐笑眯眯地说:"一般般吧!"爸爸忍不住笑起来:"你这也太谦虚了,我和妈妈都觉得你考得特别好。你有这样的成绩,说明你还是很有潜力的,你想冲刺下重点初中吗?"乐乐一听到爸爸这么说,马上摇头:"不想不想,我

第 12 章
脚踏实地，让孩子在生活的点滴中学会独立

不是要上学区内的初中吗？"爸爸说："学区内的初中虽然不错，不过比起顶尖的重点初中来还是差一点点。我和妈妈都认为你有很大的潜力，要是全力冲刺下，说不定就能被重点初中录取呢！"乐乐马上说："我下次还是少考几分吧，省得你和妈妈不自量力。"看到乐乐态度这么坚决，爸爸只好作罢，但是爸爸最终告诉乐乐："你要自己想好，知道吗？不管你作什么决定，我和妈妈都全力支持你，但是你必须拼尽全力才行。"乐乐说："放心吧，不管去哪里上初中，我都一样要好好学习。"爸爸对乐乐竖起大拇指。

在这个事例中，原本对于乐乐考上重点初中不抱有太大希望的妈妈，在看到乐乐考取了综合第一的成绩后，忍不住怦然心动，又想督促乐乐拼一拼重点初中。爸爸说得很对，不管爸爸妈妈对于乐乐的学习有多少设想，最终对学习起到决定性作用的还是乐乐自身。如果没有乐乐的配合，爸爸妈妈只能是瞎起哄。因此，爸爸决定尊重乐乐的意见，让乐乐自己作出选择。在乐乐表示不愿意冲刺重点初中后，他也欣然接受。

现实生活中，真正能够以这样平等、尊重的态度对待孩子的父母少之又少。大多数父母嘴上说要尊重孩子，平等对待孩子，实际上总是想要指挥和命令孩子，从表面看来给了孩子自主选择的权利，一旦孩子的选择不符合他们的预期，他们马上就试图改变孩子。对于这样的父母，请问：你能一辈子都代替孩子作决定吗？孩子总有长大的一天，父母总有老去的一

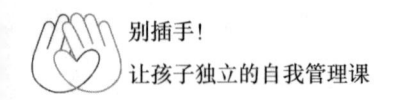

天，即使能力再强的父母，也不可能陪伴在孩子身边照顾孩子一辈子。与其等到自己垂垂老矣需要孩子照顾的时候，却发现孩子什么事情都不懂，什么决定也无法代替父母去作，不如从孩子小时候起就真正尊重孩子，渐渐让他形成独立自主的精神品质。给予孩子充分的选择权，孩子也许不能在一开始的时候就作出正确的选择，但是，只要不断锻炼，一次比一次更有进步，并从错误和失败中汲取经验和教训，渐渐地，孩子选择的能力就会越来越强，思考问题时也会更加明智。父母不要小看生活中的那些小事情，诸如吃什么饭菜、穿什么衣服、带什么玩具去找小朋友玩等，这些事情在孩子很小的时候就已经发生，为此，选择也应运而生。父母不要觉得事情小就代替孩子决定，而要尽量给孩子更多的机会自主选择，这样孩子才会变得更加坚强独立，变得更加果断且有主见。

帮助孩子适应集体生活

最近，三岁半的甜甜去幼儿园上小班了。初到幼儿园，甜甜每天和妈妈分开的时候都会哭得很厉害，但是妈妈总是狠心离开，因为她知道每个孩子都要通过这样的方式步入社会，融入集体生活，从而减轻对于父母和家庭生活的依赖。然而，甜甜是由奶奶带大的，自理能力很差，不会自己吃饭，需要老师

第 12 章
脚踏实地，让孩子在生活的点滴中学会独立

喂，而且吃饭很慢。为此，老师几次打电话要求妈妈在家里也训练甜甜独立吃饭，妈妈当然也在努力去做。

有一天，妈妈下班回家，奶奶马上告诉妈妈："小孩子中午在幼儿园里睡觉，老师都不帮着穿衣服，这样不是会着凉吗？"妈妈已经习惯了奶奶的大惊小怪，对奶奶说："妈，如果老师也和父母一样照顾和溺爱孩子，什么都不让孩子做，孩子什么时候能长大啊？她现在还不会自己穿衣服，等到多穿几次之后，就会穿了。就像吃饭一样，刚去幼儿园的时候必须老师喂饭，现在老师锻炼她，让她自己吃，她也吃得不错了吧。要是一直在家里，天天喂饭，估计到六岁上一年级也不会自己吃！在幼儿园里老师照顾还好一些，要是这样娇惯到上小学，谁管啊，小学老师只管上课！"妈妈的一番话说得奶奶哑口无言。

带着这样的决心，妈妈与学校密切配合，而甜甜在学校里的进步也越来越快、越来越大。等到三个月后，学校举办家长开放日，妈妈和奶奶看到甜甜在学校里吃饭、喝水、上厕所、睡觉等一系列活动中训练有素的样子，都非常惊喜。

每个孩子从家庭生活走向幼儿园生活，都要经过一个适应的过程。有些孩子适应得很顺利，过渡时间短，而有的孩子适应得很慢，过渡需要很长时间，这是为什么呢？其实就在于孩子能否快速融入集体生活。比起家庭生活，孩子在幼儿园里的生活是他们走向社会的第一步，毫无疑问，集体生活中，孩子不会像在家里一样得到那么细致的照顾。通常，幼儿园里给每

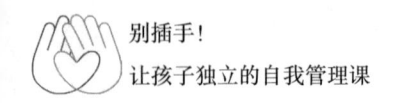

个班级配备三个老师,三个老师要负责照顾二三十个孩子,不可能面面俱到。也正是这样的集体生活模式,给了孩子机会锻炼自己,促进自己各方面的能力得到锻炼,也促使自己不断成长。明智的父母不会要求幼儿园的老师也和爷爷奶奶一样全心全意照顾孩子,而是会与幼儿园密切配合,也唯有如此,孩子才能健康快乐地成长。

等到孩子从幼儿园毕业后,等待着他们的依然是集体生活。他们会进入小学、初中、高中、大学,即使在大学毕业后参加工作,也要与同事们相处。所以说,人是群居动物,每个人都是社会的一员,都不可能脱离社会生活而孤立生存。因此,父母一定要教会孩子独立,教会孩子融入集体,教会孩子与人相处。只有成为一个真正成熟的社会人,孩子将来才会取得更好的发展和更伟大的成就,孩子才会在生活中如鱼得水,游刃有余。

让孩子爱上做家务

有一天早晨,妈妈送甜甜到幼儿园,在教室门口和甜甜说再见后,甜甜走入教室里。这个时候,已经在教室等候的班主任老师对甜甜说:"甜甜早上好!水桶里有洗干净的抹布,赶紧拿起来擦擦桌子和板凳吧!"妈妈听到老师的安排感到很惊讶："甜甜还会做家务吗？我怎么不知道呢？"因此，妈妈没有离开，而是站在教室门外观察。只见甜甜拿起抹布，很熟练地擦起了板凳和桌子。妈妈看着甜甜娴熟的动作，忍不住捂住嘴巴笑起来，赶紧偷拍甜甜做家务的视频，发给爸爸看。爸爸说："上了这么几个月的幼儿园，甜甜真是变得不一样了，居然还会擦桌子，晚上回家让她也擦擦桌子看看！"

一直以来，妈妈都觉得甜甜小，不让甜甜做家务。自从发现甜甜在学校里会擦桌子之后，妈妈每当打扫卫生的时候都会给甜甜一个小毛巾。结果，妈妈发现甜甜很愿意做家务活，还干得很卖力呢！在这样的引导下，甜甜渐渐地会做很多事情，例如，给家里倒垃圾、擦桌子板凳、洗碗筷等。看着家务小能手甜甜，妈妈感到很开心。

很多时候，不是孩子不能或者不会做很多事情，而是父母压根没有想过要安排孩子做什么事情。其实，让孩子做家务有很多的好处，例如，当孩子亲自参与了打扫卫生的过程后，他们就会珍惜劳动成果，不会把家里弄得乱七八糟；再如，当孩子亲自感受到炒菜做饭的辛苦后，面对妈妈精心准备的饭菜，他们就不会抱怨不可口；当孩子亲自给家里管理一个月的生活费后，他们就不会再抱怨妈妈总是很抠门，不给他们买各种东西……让孩子亲自做家务，有助于让孩子理解和体谅父母的苦衷，也有助于让孩子对父母形成感恩之心。

此外，孩子亲自参与家庭事务，会形成主人翁意识，把自

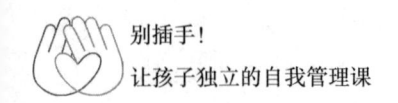

己当成家庭里真正的小主人。这样一来,他们就不会等着接受爸爸妈妈的照顾和安排,而是会主动参与家庭生活,维护整个家庭的利益。当然,孩子的家庭主人翁意识和责任感并非朝夕之间形成的,父母一定要多给孩子机会去做更多的事情。孩子尽管小,但是在能力范围内能做的事情还是很多的,所以父母一定不要先入为主限定孩子,而要给孩子创造机会,给孩子提供施展才能的舞台。

引导孩子积极地参与家庭事务

最近,家里要买一套新房子,爸爸妈妈产生了不同的意见,因此决定征求儿子王子的意见。因为王子已经读小学三年级了,还是一个很有主意的孩子。当天晚上吃完饭,妈妈郑重其事地宣布召开家庭会议:"接下来,我们要进行家庭会议,投票选择最终在哪里买新房。"其实,以前爸爸妈妈很少征求王子的意见,家里有什么事情都是他们两个人商量就做主了。这次妈妈这么郑重其事,让王子感到非常惊讶:"我也参加吗?"妈妈毫不迟疑地回答:"当然,你是家里的小主人,必须参加。"王子受宠若惊,在接下来参与讨论的过程中非常认真地思考,也非常慎重地给出意见,还说得头头是道,让爸爸妈妈都对他刮目相看。最终,经过全家人的一致讨论,决定了

第 12 章
脚踏实地，让孩子在生活的点滴中学会独立

买新房的位置。

在看到王子这次的表现之后，以后家里不管有什么事情，爸爸妈妈都会征求王子的意见。他们发现，王子自从正式升级为家里的小主人之后，更加懂事了。

很多父母都对于孩子在家庭事务中的表决和决定权利视若无睹，甚至直接剥夺。有些脾气粗暴的父母，每当孩子想要发表意见的时候，总是简单粗鲁地呵斥孩子"闭嘴"。渐渐地，原本对于家庭事务充满热情的孩子被打击得失去热情，再也不想用满腔热血换来父母的否定和训斥。实际上，孩子愿意参与家庭事务的决策是好事，这说明他们对于家庭生活非常积极热情，也的确是在想方设法贡献自己的一份力量。相反，那些从未有过权利参与家庭事务的孩子，通常家庭意识淡薄，家庭观念一点儿都不浓，即使长大成人之后，与父母的关系也很疏远。为此，父母不但要支持孩子参与家庭事务，还要鼓励孩子多多参与家庭事务，甚至创造机会让孩子参与家庭事务。只有激发起孩子对家庭事务的参与热情，才能够激发起孩子对于家庭的热情和全心投入与付出。

有些父母误以为孩子还小，什么都不懂，只会给父母添乱。其实不然。孩子再小，也有自己的情绪感受，也有自己的思想意识。而且，因为孩子看待问题的角度与父母不同，所以他们的畅所欲言很有可能激发父母的灵感，让父母找到更好的解决办法呢！所谓三个臭皮匠，赛过诸葛亮，父母可不要小看

205

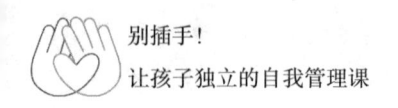

孩子这个诸葛亮，否则就会白白浪费孩子的聪明才智。

让孩子学会独立思考

有一天晚上，做作业的时候，乐乐有道数学题不会做，为此拿着去问妈妈。妈妈头也不抬，根本没有看题目，问乐乐："你自己想了多久？"乐乐说："一分钟。"妈妈对乐乐说："拿回去继续想，如果想十分钟还没有头绪，再来找我。但是，要把所有已知和未知条件列举出来，有一个思考的过程，能想到哪一步就想到哪一步。"乐乐嘟囔着嘴巴离开了，喃喃自语："从来不告诉我题目怎么做，比其他孩子的妈妈差远了。"妈妈假装没听到乐乐的抱怨，继续做饭。

十分钟之后，乐乐眉开眼笑地回来找妈妈，喊道："妈妈，我会做了，我会做了！"妈妈一点儿也不惊讶，说："你刚才不是不会做，是思考的时间太短，是想依赖妈妈，吃现成的。现在看到现成的吃不到，就只能靠着自己去努力解决问题了。我问你，一道题目是你自己苦思冥想出来的，另一道题目是妈妈告诉你的，你对哪道题目印象更深刻呢？"乐乐回答："当然是自己想出来的。"妈妈说："你知道这个道理就好。以后有了不会的题目自己先思考。不要第一时间就拿来问我。另外，即使想了也不会做，也必须把题目的条件列举出来，把

第 12 章
脚踏实地,让孩子在生活的点滴中学会独立

思考的过程呈现出来,否则我会狠狠批评你。"乐乐点点头。

每个孩子在做作业的时候,都会遇到不会的题目,是自己苦思冥想,还是当即就去问别人,这关系到孩子未来能否真正掌握这道题目,能否真的独立学习。毫无疑问,吃现成的是最简单便利也最容易的,而自己去思考问题的答案则往往很艰难。但是,吃现成的孩子根本没有对问题进行深入思考,未来再次遇到类似的难题时很有可能根本没办法解决。只有经过自己的一番思考解决难题,孩子们才会对于问题有深入的理解,才会真正把难题弄懂、学会,再遇到类似的题目时也可以举一反三。因此,即使孩子最终并没有想出解决问题的办法,父母也只能引导孩子,启迪孩子的思路,而不要直截了当地告诉孩子答案。

独立思考的能力,是孩子最宝贵的财富。这就像是一个人只有一条鱼,只能吃一顿,而另一个人则掌握了打鱼的方法,不管何时都可以捕捉到鱼,都可以吃得肚子溜圆一样。父母帮助孩子学习的根本在于教会孩子学习的方法,而不是把所有的知识都做成现成的饭菜喂到孩子口中。孩子还小,人生的道路还很漫长,只有掌握学习的方法,才能终身学习,可持续性发展,才能获得更伟大的成就。

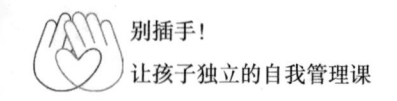

宽容他人，控制负面情绪

有一天放学回家后，乐乐怒气冲冲地推开家门，对妈妈说："我以后再也不和瑞奇玩了，他是个混蛋！"瑞奇是乐乐的好朋友，和乐乐关系很亲密，妈妈还没有来得及回应乐乐，乐乐就走到房间里把门关上。妈妈继续做饭，她不想在乐乐情绪激动的时候去和乐乐沟通。

大概一个小时，乐乐走出房间，妈妈已经把饭菜做好了。她像没事人一样招呼乐乐吃饭，乐乐有些不好意思，大概是为自己刚才回家时的歇斯底里吧。开始吃饭了，妈妈还没有问，乐乐主动对妈妈说："妈妈，瑞奇背叛了我，他把我告诉他的秘密告诉了别人，导致现在全班同学都笑话我！"妈妈问："这件事情给你带来了什么损失呢？他造谣了吗？"乐乐摇摇头："没有。他说的和我告诉他的一样。但是我不想这些事情被别人知道。"妈妈笑起来，说："我能理解你的感受。但是，你还记得那个'皇帝长着兔耳朵'的故事吗？皇帝也不想自己长着兔耳朵的事情被别人知道，所以每次都会杀死理发师，以此保守自己的秘密。后来，有个孩子去给皇帝理发，皇帝不忍心杀死孩子，就让孩子保证不会把这件事情告诉任何人。孩子有一个秘密在心里，不说出去简直太难受了，为此他就把这件事情告诉了大地。结果，大地上长出来的芦苇叶，说出了这个秘密。所以，你如果有秘密不想让人知道，就不要告诉任何人,哪怕是你最亲密的朋友。因为,他憋着不能说这个秘密,也很难受。"乐乐明白了妈妈的话,说:"是怪我把这个秘密说了出去,我既然说了,就不要再想保守秘密,是吧?"妈妈点点头。后来,乐乐原谅了瑞奇,重新和瑞奇成为朋友,他甚至觉得说出自己曾经的那些糗事给大家增添了快乐,也没什么大不了的。

生活总会教会孩子们很多课堂上学不到的东西,其中有一条,就是不想被人知道的秘密就永远不要告诉任何人,否则总是会闹得尽人皆知,而自也不能抱怨那个四处散播秘密的人。正是因为想明白了这个道理,乐乐才能控制自己的情绪,再次和瑞奇成为亲密无间的好朋友。

人生的道理是很深奥的,不但孩子们不懂得,就算是成人也不懂得。为此,孩子不但要学习,还要在生活中增长经验、丰富阅历。尤其是在与他人相处的过程中,孩子们彼此之间难免会产生摩擦,在这种情况下,更要合理控制好自己的情绪,才能与他人友好相处。记住,没有人能够真正让你依靠,你真正可以依靠的只有自己。

被拒绝了也不恼火

马上就要期末考试了,乐乐因为考试之前复习不太好,

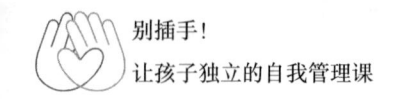

很担心自己考不到好成绩。因此，他和既是同桌又是好朋友的瑞奇商议："瑞奇，考试的时候你可以帮帮我吗？"瑞奇问："怎么帮？"乐乐说："到时候把试卷给我看下，我就看看最后的附加题，那个最难。"瑞奇马上摇头："不行，不行，我不能给你看，要是被老师抓到，我们俩都要完蛋。"乐乐很生气，说："你还是我的好朋友呢，这点儿小忙都不愿意忙！"因为这件事情，乐乐好几天都不理瑞奇。

周末，妈妈看到瑞奇没有来家里找乐乐玩，问乐乐："瑞奇怎么没来？"乐乐愤愤不平地说："就是因为他不愿意帮我，我的数学少考了十分，被你狠狠骂了一顿。"妈妈很疑惑："瑞奇和你的成绩有什么关系呢？"乐乐说："他要是愿意给我看最后一道附加题，我的成绩就能高十分啊！"妈妈说："但是，那十分并不是你的真实水平得到的。瑞奇拒绝你是对的，因为考试作弊本来就是错误的行为。你这次考试作弊，将来每次考试都能作弊吗？作弊的试卷能反映出你的真实水平吗？别说瑞奇拒绝你是对的，就算现在你不是要求他配合你作弊，而是让他帮你个忙，他帮你是人情，不帮你是公道，因为他不是必须帮助你的，知道吗？一个人要是因为得不到他人的帮助就憎恨他人，只能说明他自己很不讲道理。"乐乐陷入了沉思。

现实生活中，一个人即使再能干，也不可能把每件事情都做到最好。为此，每个人都有可能需要寻求他人的帮助，每个人也有可能被他人请求施以援手。在这样的情况下，如果对方的请求是正当合理的，自己也有能力，那么帮助别人是一种美德。但是，如果对方的要求是不合理的，或者自身能力不足，就不要不自量力承诺别人什么。反过来说，作为求助方，我们也无权要求他人必须帮助我们。因为每个人都有自己的考虑和衡量，也有自己的特别情况需要照顾到。因此，我们在求人帮助的时候不能抱着必须得到帮助的态度，而应该得到帮助就感恩，没有得到帮助依然感谢对方。

  人，应该有感恩之心，否则就会陷入无休止的抱怨之中，让自己的内心充满戾气。人生不如意十有八九，没有人会始终顺遂如意，像天之骄子那样得到很多好的待遇，最重要的是，我们一定要端正心态，以平和的心面对他人、面对世界，也以感恩的心让自己满怀感激。只有在被拒绝的时候不懊恼、不怨恨，孩子才算真正地走向成熟。同样的道理，在被求助的时候，即使拒绝他人，也要给他人台阶，唯有如此，孩子才能收获良好的人际关系，才算真正地走向成熟。当然，抚育孩子成长是一个漫长的过程，父母也要有足够的耐心对待、指引和帮助孩子，这样才能始终给予孩子助力，让孩子更加健康快乐地成长。

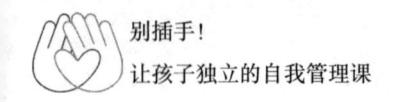

参考文献

[1]谈旭.放养孩子：培养孩子自理自信自强的100个法则[M].北京：台海出版社，2015.

[2]叶壮.21招，让孩子独立[M].杭州：浙江教育出版社，2018.

[3]孙瑞雪.完整的成长——儿童生命的自我创造[M].北京：中国妇女出版社，2018.